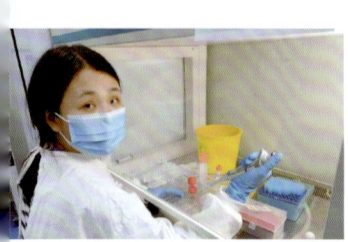

奋楫者先

2019—2020学年同济大学优秀学生事迹汇编

共青团同济大学委员会　编

·上海·

图书在版编目(CIP)数据

奋楫者先：2019—2020 学年同济大学优秀学生事迹汇编 / 共青团同济大学委员会编. --上海：同济大学出版社，2024.7
ISBN 978-7-5608-9582-6

Ⅰ.①奋… Ⅱ.①共… Ⅲ.①同济大学—模范学生—先进事迹 Ⅳ.①K828.4

中国版本图书馆 CIP 数据核字(2020)第 217264 号

奋楫者先：2019—2020 学年同济大学优秀学生事迹汇编
共青团同济大学委员会　编

责任编辑 张 翠		**特约编辑** 翁 晗		**责任校对** 徐春莲		**封面设计** 钱如潺	

出版发行	同济大学出版社　　www.tongjipress.com.cn	
	(地址：上海市四平路 1239 号　邮编：200092　电话：021-65985622)	
经　　销	全国各地新华书店、建筑书店、网络书店	
排　　版	南京月叶图文制作有限公司	
印　　刷	上海安枫印务有限公司	
开　　本	787mm×1092mm　1/16	
印　　张	20　　插页　2	
字　　数	395 000	
版　　次	2024 年 7 月第 1 版	
印　　次	2024 年 7 月第 1 次印刷	
书　　号	ISBN 978-7-5608-9582-6	
定　　价	98.00 元	

本书若有印装质量问题，请向本社发行部调换　　版权所有　侵权必究

编委会名单

主　　编　陈　城
副 主 编　唐志宇
参编人员　（按姓氏笔画为序）
　　　　　　刘　扬　齐梦瑶　许君清
　　　　　　高玉磊　葛　畅　韩鸿毅

序 言

百舸争流，奋楫者先。一百一十余年风雨同舟，三十余万同济学子奋发有为。在同济过往的长河中，一批批心系国计民生、奉献祖国的青年榜样如璀璨繁星闪耀其中。而今，"同济天下"的精神代代传承，新时代的同济学子行而不辍，正在奋勇当前。

本书中所选的优秀学生案例为在2019—2020学年中表现突出的优秀同济学子。他们勤以修身、学以笃志，以刻苦钻研、勇于创新的精神，在专业学习中屡获佳绩、在学科竞赛中摘金夺银，用不懈的努力和优异的成绩书写着同济学子在专业学科中的匠人精神；他们知之愈明、行之愈笃，在学业之余勇于躬身实践，甘于奉献、知行合一，用双脚丈量祖国大地，用实际行动将论文写在祖国大地上；他们严以运筹、拓以致新，在学生工作中"比其他人多想那么一点点"，在服务学生中不断探索工作方式方法，致力于带领更多同济学子不断突破、不断创新，打造更多促进同学们德智体美劳全面发展的平台。

榜样的力量是巨大的，能够穿透人的心扉、激荡人的灵魂；榜样的力量亦是无穷的，能够成为一面"旗帜"，引领更多青年人不断向上。愿广大同济青年学子能以这些优秀同辈青年为榜样，点亮初心，砥砺前行，在专业学习、实践奉献和学生工作中更上一层楼，在中华民族复兴的伟大征程中贡献青春力量。

目 录

实践新锐 知之愈明，行之愈笃 / 1

于　浩：在公益实践与志愿服务中点亮温暖 …………………………… 3
王天浩：携笔从戎报父志，阅兵场上展英姿 …………………………… 7
王文轩：以运动强身，用科研报国 ……………………………………… 12
卢滢伊：青年力量，同济学子勇担当 …………………………………… 17
白雨杭：守住初心，不负韶华 …………………………………………… 21
刘卓娅：时光带不走的爱 ………………………………………………… 25
严熊白雪：明朝长路，初心不改 ………………………………………… 29
严德裕：青春如墨，挥洒美好画卷 ……………………………………… 33
李心怡：为天下人谋永福，愿世界和平 ………………………………… 37
杨　一：淡泊明志，宁静致远 …………………………………………… 42
吴天琪：知行合一，做爱国励志求真力行的新时代青年 ……………… 45
佘媛婕：以不息为体，以日新为道 ……………………………………… 50
张曜麒：用一年的时间，做一件一生难忘的事情 ……………………… 55
张　馨：知行合一，追求卓越 …………………………………………… 59
陈孛蓓：用心呵护成长，用爱守护健康 ………………………………… 64
陈丽媛：用奋斗成就青春梦想 …………………………………………… 69
胡小浓：在美好的年华里展现自我 ……………………………………… 74
洪欣鹏：人生是自我实现的预言 ………………………………………… 78
徐　江：做一些微小的事，发一点微弱的光 …………………………… 82
徐浩文：知行合一，情系乡村 …………………………………………… 86
黄卓仪：技术与创意共舞，创业与公益交融 …………………………… 91
龚帅宇：做青年学生的引领者，当初心使命的践行者 ………………… 96

蒋　越：深入城市探索边界，用设计思维开拓创新 …… 102
魏靖轩：脚踏实地，奉献祖国 …… 107

学术先锋　勤以修身，学以笃志 / 111

王　芮：在向上中获得信仰，在努力中气定神闲 …… 113
王晓东：脚踏实地，循序渐进，于学术之路上下求索 …… 118
王超平：修能而践行，厚积而薄发 …… 123
叶　铖：永远在前进的路上 …… 130
田智宇：德智双行，向下扎根，向光生长 …… 134
兰伊莎：大道至简，行稳致远 …… 140
朱丽萍：挑战未知，力行求至 …… 144
刘　威：始于热爱，成于坚持，厚积而薄发 …… 148
刘雯静：斜杠青春，反斜杠科研 …… 152
刘　潇：为祖国奉献青春，一个拒绝不了的原假设 …… 157
孙　韬：驰骋在计算机视觉的海洋里 …… 161
李　纳：立足当下，做好自己 …… 165
李婷玉：明心知往，力行求至 …… 168
肖　璠：见微知著，砥砺前行 …… 172
汪　涛：踏寒冬之雪，寄杏林之花 …… 176
张佳琪：追梦路上砥砺前行，让青春绽放光芒 …… 182
张恒锐：寻找合适、热爱并能为之奋斗一生的事业 …… 186
栾培培：医研结合，追逐梦想 …… 190
高钰圣：脚踏实地，仰望星空 …… 194
龚　锐：不忘初心，扬帆远航 …… 197
魏俊杰：不忘初心，逐梦储能 …… 202

青年领袖　严以运筹，拓以致新 / 209

邓欣凌：大类招生模式下的新生干部的机遇、挑战与成长 …… 211
甘露顺：践言于行，书写斑斓青春华章 …… 216

卢慧霖：在团学工作中寻找可能性 …………………………………… 221

叶子龙：心之所向，素履以往 ………………………………………… 225

冯　畅：传承测绘精神，不负青春韶华 ……………………………… 229

毕浩文：党旗飘舞，青春飞扬 ………………………………………… 234

吕　瑶：勇担使命不忘初心，务真求实无负年华 …………………… 238

刘欣源：追求卓越，相信未来 ………………………………………… 242

刘　悦：勇敢追梦，将奋斗作为人生底色 …………………………… 246

李文华：不忘初心，在服务青年中践行"五四"精神 ………………… 253

李嘉伟：从多面的生活中，发掘最好的自己 ………………………… 260

杨嘉琦：以科研报效祖国，用学生工作服务师生 …………………… 264

冷　涵：追求卓越，勇攀高峰 ………………………………………… 271

张轩铭：嘉定草色青袅袅，同舟河上桨声声 ………………………… 275

陈　琪：勇于尝试，勤于实践 ………………………………………… 279

林　可：在探索中找寻自我，在团队中收获力量 …………………… 283

修方涛：奋斗是青春亮丽的底色 ……………………………………… 288

凌　琳：以梦为马，不负韶华 ………………………………………… 293

崔晓东：不是尽力而为，而是全力以赴 ……………………………… 297

程　鑫：学革命精神，讲中国故事，做文化交流 …………………… 301

臧俊杰：不负青春勇担当，砥砺前行正远航 ………………………… 305

实践新锐

知之愈明,行之愈笃

于　浩：在公益实践与志愿服务中点亮温暖

于浩

于浩，男，中共预备党员，山东潍坊人，2016级航空航天与力学学院工程力学（创新实验区）专业本科生。曾担任同济大学爱心社社长、团支部书记等职务。曾荣获上海市奖学金、国家励志奖学金、同济大学唐仲英德育奖学金、同济大学优秀学生、同济大学本科优秀学生奖学金、同济大学本科生社会活动奖学金等，获第十届SAMPE超轻复合材料机翼学生竞赛液体成型组全国三等奖、第十一届SAMPE超轻复合材料机翼学生竞赛液体成型组全国二等奖、全国大学生数学建模比赛上海赛区三等奖等奖项。

"爱心社是我最想加入的社团"

在同济的第一年，因为热爱公益活动，于浩加入了同济大学爱心社，参加义务家教活动和天阶社区中心组织的大学生成长导师计划。

义务家教是同济大学爱心社与共青团上海市委员会、上海市肢残人协会、上海心希望助学公益服务中心合作的一个活动项目。他曾作为志愿者去贫困家庭中帮助他们的子女补习功课。

家教刚开始的时候，于浩不能确信能否坚持下来，因为学校里还有繁重的课业，他认为如果最终学业和帮扶兼顾不了，那不仅是对自己的不负责，也是对他人的不负责。"义务家教不同于有偿家教，它需要的是我们的爱心、责任心以及坚持下来的决心。义务家教事虽小，但意义重大。"

每次上门辅导的时候，于浩要先坐半小时地铁，还要走十几分钟的路，穿过几条狭窄的街道，街道旁边低矮的店铺飘散出各样的烹调油烟。在他看来，义务家教不仅帮助了贫困的学生，还丰富了他的周末生活和社会经验。"虽然没有物质上的回报，但是我将爱心传递给别人，向身处困境的人伸出我的援助之手。他得到了知识，我收获了经验以及精神上的满足。"后来，于浩同学承担了这个活动的组织工作，对外负责与上海心希望助学公益服务中心对接，对内负责组织志愿者安全有序地参加义务家教活动。

在天阶社区中心组织的大学生成长导师计划中,他每周去一次天阶社区中心,帮助那里的农民工随迁子女养成良好的学习和生活习惯,在提高他们成绩的同时让他们感受到来自社会的关爱,不仅在知识层面,更是在学习方法、思维方式、见识眼界、品性人格等层面引导孩子,帮助他们健康成长。"孩子们特别调皮,如果有人愿意陪他写作业、陪他聊天玩耍,他们还是很乖的,他们太缺少陪伴了。"

"石桥中学是我难忘的回忆"

2017年,于浩报名参加了"四季春晖,爱在黔行"暑期支教夏令营,和志同道合的小伙伴们来到六盘水石桥镇,为当地中学生讲授课程、策划运动会、筹备文艺汇演、装修梦想教室等。

"我备了两门课:数学和花卉文化,主要是根据他们的课本教他们解二元一次方程组,还教他从文化角度欣赏花卉。和我一样,支教队的其他队员们也都根据自己擅长的方向准备了课程。"

谈起那时的日子,于浩印象最深的是从火车站去学校的路上,汽车沿着盘山公路一直环绕,第一次见识盘山公路的他差点晕得吐了。在学校里洗澡也不方便,附

支教夏令营成员在梦想教室中的合影

近有位大伯开了一间浴室,设施非常简陋,还要排队洗澡。

生活上的困难并没有阻碍他们完成工作。支教队不仅讲授知识,还拓展了学生的视野和见识。"我认为,孩子们更需要的是书本之外的知识,我也希望把自己的所见所闻讲给他们听。"于浩和石桥中学的孩子们保持了很长时间联系,倾听他们生活中的烦恼,为他们解答学习上的问题。

支教夏令营运动会上与学生们一同观赛

"加入唐爱大家庭是我的幸运"

大二时于浩通过选拔加入了当时刚成立的仲英公益促进协会,希望利用做公益活动和志愿服务的经验为协会的发展提供帮助。"我在爱心社和在校内外的其他平台参与的公益活动都比较多,加入新协会更能发挥我的经验优势。"

协会由同济大学和唐仲英基金会共同筹划成立,此前唐仲英基金会已经在全国二十多所高校成立了类似的公益社团,在基金会的指导下,所有成员以及毕业生组成了相亲相爱的大家庭。在协会里,于浩组织参加了"点燃行动力"和"公益创变营"等活动,在校园里撒播公益的温度。

"我们希望参与活动的同学们立一个小目标,然后免费发放手账本给他们记录自己的行为,通过时间管理和自我约束,实现自己的小目标。"

<u>同心同德,济人济事。于浩说,志愿行动给他带来的感动与收获是在点滴之中汇聚的。对于浩来说,从他心里燃烧起爱的火焰开始,他就注定与温暖为伴。</u>

王天浩：携笔从戎报父志，阅兵场上展英姿

王天浩

王天浩，男，共青团员，黑龙江伊春人，2016级汽车学院车辆工程专业本科生。2017—2019年服役于中国人民解放军陆军某部队，在中华人民共和国成立70周年庆祝大会上任中国人民解放军联合军乐团长笛演奏员。

中国人民解放军联合军乐团由1 300余名官兵组成，在中华人民共和国成立70周年阅兵仪式中以立正姿势持续演奏56首乐曲，长达4个多小时。在这1 300名战士中，有一张稚嫩的脸庞，他就是来自同济大学汽车学院的王天浩同学。王天浩说，有幸参加中华人民共和国成立70周年的国庆阅兵，是他两年的军旅生涯中最浓墨重彩的一笔。

初入军营，壮志未酬

王天浩初入军营时，就从他的一名曾参加过2015年胜利日阅兵的班长口中得知，2019年的大阅兵，肯定会组建联合军乐团。虽然部队的训练与工作十分繁重，王天浩还是将长笛这门业余爱好保持了下来。2018年12月，王天浩参加了联合军乐团选拔演奏员的考试。考试的视频交给上级后，连着4个月杳无音信。此时的王天浩有一些懊恼与不甘，但在阅读了《习近平的七年知青岁月》后，他被习近平总书记在青年时期扎根基层，在艰苦的环境中踏实肯干的事迹深深打动。之后他便潜下心来投入每日艰苦的训练中，不过他的心中却一直保守着那个阅兵梦。

克服伤病，淬炼成钢

本以为阅兵一事已经石沉大海，但在2019年4月末，他盼来了通过选拔的消息，然而事情并没有这样简单。"我清楚地记得，在3月28日，我跟着原部队去福建省长汀县为当地百姓植树造林的时候，不慎摔进了山上的深坑中，右腿当即动弹不得，剧痛难忍。我第一反应就是，完了，腿断了，这样一来我肯定与阅兵无缘了。"部队第一时间将王天浩送去医院，医生的诊断结果是：右膝半月板三级损伤，韧带

严重受损,需石膏固定一个月,再进行复查,根据恢复情况制定下一步的治疗方案。"我当时的心情一下子跌落到谷底。只盼着阅兵选拔的结果晚一些过来,让我的腿能及时恢复。"

然而事与愿违,4月末的时候,王天浩的腿还绑着厚重的石膏,上级通知下来了,他与其他五名战友,包括他的新兵班长,被选上参加阅兵集训。他一瘸一拐地找到领导,表达自己渴望参加阅兵的心愿。但领导考虑王天浩刚受伤没多久,便没有同意。他焦急万分,心中的梦想即将实现,却要与它失之交臂。能站在天安门广场上接受检阅是他梦寐以求的,如果在这时候轻言放弃,他一定会后悔一辈子。经过激烈的思想斗争,他去医院将石膏提前拆除。医生再三嘱咐他不可长时间站立,要注意休息,否则会留下不可逆的后遗症。"将石膏拆除后的我,右腿比左腿整整小了一大圈,不敢弯折,右脚触地便疼痛难忍,可是想到是为了阅兵,这点伤痛就不算什么了。"

进驻到阅兵集训地,每天的站立演奏训练,对于王天浩来说都是严峻的挑战。每次训练结束,他的右膝都会有明显的肿胀积液。站四小时不倒,吹四小时不错,憋四小时不尿,高强度的训练,让他的每一天都过得极度充实。回想在福建参加集训的日子,他印象最深刻的一次就是最后一次站立演奏定型训练,也是阅兵体能的考核,在四个小时的时间里,要保持吹奏姿态,一动不能动。"现在回想起来,这也许是两年的军旅生涯最痛苦、最难忘也最有意义的一次经历。四个小时里,我的右腿从疼痛到最后失去知觉。时间好像过去了一个世纪。"当队长下达训练结束的口令时,他知道,北京的入场券拿到了,去天安门参加阅兵的梦想马上就要实现了!被太阳暴晒过的训练场还有灸热的味道,待其他人散去,王天浩坐在地上哭了出来,他做到了,他终于坚持了下来,自己两个月成倍于其他人的辛勤付出没有白费。

肩负使命,承父遗志

进入北京阅兵村,训练的强度更大、节奏更快,56首曲目很快就下发完毕,时间紧、任务重。就在大家马不停蹄地与时间赛跑的时候,家里的一通电话,将王天浩从紧张有序的训练中拉回现实。"8月初的时候,妈妈联系到我们的领导,让我速与家中联系,当我得知父亲罹患食道癌已经病危的时候,我的心情很复杂,一面是家中病危的父亲,一面是近在眼前的阅兵梦。"联合军乐团领导在了解事情经过后,特批王天浩请假回家探亲,限时7天,若7天后不能归队,视为自动放弃阅兵

王天浩与队友进行站立演奏定型训练

资格。

"我踏上回乡的路途,我想到了百善孝为先,想到了自古忠孝两难全,想到了父亲因放疗而消瘦的面庞,想到了十一当天天安门广场上奏响的国歌。我真的很难抉择。"回到家中他才得知,早在3月,父亲就查出食道癌,为了不影响阅兵的训练,家里人一直都没有和他说父亲的事。"在父亲放疗前期,每次和我视频,为了不让我看到他鼻子上插的鼻饲胃管,父亲只露出一双眼睛和脑门,母亲也从未掉过一滴眼泪。"全身心投入训练中的王天浩以为家中一切安好,事实却是父亲的病情日益恶化,医院已经下达了病危通知书。

回到家中,父亲看见许久未见的他,精神一下子振作了起来,原本无神的双眼焕发出炯炯的神采。王天浩知道,这个时候他必须坚强,必须作出选择。父亲看出了他的两难,说:"我的病没事,和国家的大事相比,和阅兵相比,根本就是微不足道,你回来看我一眼,我的病都好了一半。"他的心中五味杂陈。父亲和他说,能参加阅兵,不仅是他一个人的光荣,也是全家人的光荣,如果他放弃,那自己也将放弃治疗。王天浩的眼泪在眼里打转,他和父亲约定,十一阅兵结束过后,立马赶回家。临行前,父亲只说了四个字:"等你回来。"王天浩明白,这四个字,意味着让他放心家里,意味着让他回去以后全身心投入阅兵任务中去。

回到阅兵村,虽然他仅仅离开了短短一周,但训练也出现了断层,曲目的背奏落下一大截,排练的诸多细节也因为缺席而无从知晓。在快节奏的排练与背谱中,王天浩加班加点,化悲痛为力量,将父亲的嘱托化为动力,提前完成了56首曲目的背奏,演奏水平也突飞猛进。由于父亲的睡眠非常不好,每次通话前王天浩都要先问母亲,爸爸睡了没有。每次和家中通话,母亲都叮嘱他,让他放心,好好训练,在阅兵场上给单位争光,给家里争光。

时间终于到了10月1日,王天浩终于如愿踏上阅兵场。在车子开往天安门的路上,他在朋友圈发了一条动态"爸,等我回家。"当五星红旗升起的那一刻,当最后一句"前进进"从所有人口中呐喊出的那一刻,王天浩的眼泪如泉涌一般。"身为一个中国人,能在全世界中华儿女的注视下,用军乐陪伴五星红旗一同升起,是我这一辈子都无法忘记的珍贵记忆。"

王天浩在朋友圈写下"爸,等我回家。"

阅兵结束后,10月2日早上8点他便踏上了归家的旅途。到家后他才知道,父亲爽约了,在9月26日,父亲在睡梦中安详地走了。父亲在留给王天浩的信中写道:"有国才有家,祖国是由千万个家庭组成的。你是军队培养出来的一名合格战士,代表的是广大官兵。要做军队的钢铁战士,保质保量。坚决完成好阅兵任务,这是对我最大的安慰,努力加油干,爸爸在首都上空会看到阅兵成功,国富民强!"

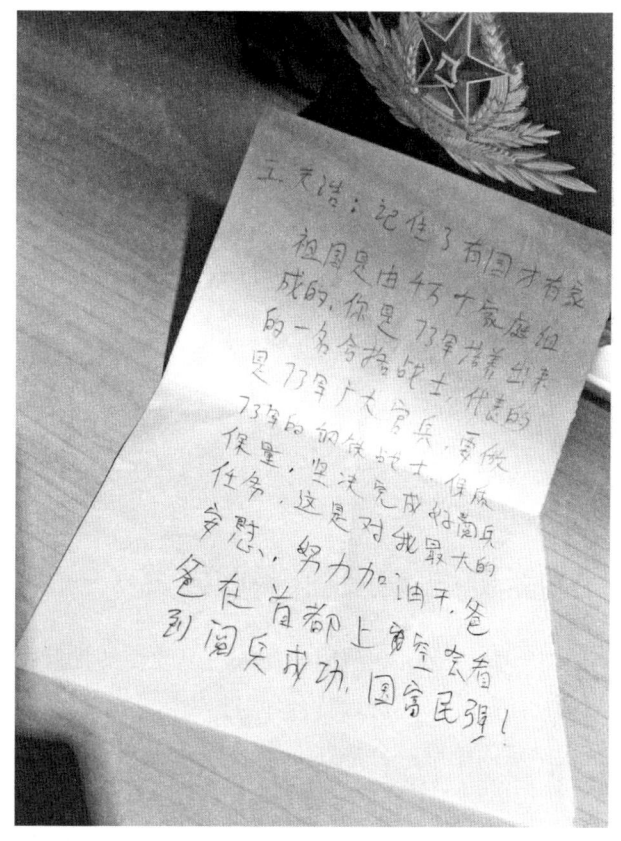

王天浩父亲给予儿子的嘱托

"军乐带给我的力量与感动将永远留存,父亲给我的嘱托我将永远铭记。"阅兵虽然结束了,但阅兵中结下的战友情谊将永远延续。"心怀祖国,心怀大家,我才能走得更远,今后我也将带着不畏艰难、勇往直前的阅兵精神继续前进。"

王文轩：以运动强身，用科研报国

王文轩

王文轩，男，共青团员，黑龙江哈尔滨人，2016级化学科学与工程学院化学工程与工艺专业本科生。曾担任同济大学定向越野协会会长、化学科学与工程学院科创俱乐部主席、2016级化工班班长等职务。曾荣获同济大学优秀学生标兵、优秀学生、优秀学生干部等荣誉称号，获得同济大学校级一等奖学金、同济大学唐仲英公益奖学金等奖项。曾获得上海市大学生化学实验竞赛二等奖、全国大学生化工设计竞赛华东赛区一等奖、全国二等奖等奖项，在上海市定向越野锦标赛、上海市大学生定向越野锦标赛等定向比赛中多次取得第一名。

因为新奇，主动接触，勇敢尝试

"全身心投入比赛，用心加入一个社团的大家庭中，才会感受到运动的魅力，体悟到社团的美好。"机缘巧合，刚进入大学的王文轩因为一个偶然的机会，参加了同济大学定向越野协会举办的第一届新生杯比赛，那是他第一次接触定向越野。因为喜爱，他加入了社团，开始了他的定向生涯。那时的他并没有想到，这一偶然的经历成为了他日后为之全情投入奋斗的开端，而那时同济大学定向越野协会才刚成立两年。

"奔跑在山间的小路上，一张地图，一个指北针，欣赏自然的风景，感受定向的乐趣，这就是定向的魅力所在吧！"王文轩这样回忆起了第一次接触定向的经历。相比于想象中枯燥无味的跑步，定向带给了他完全不一样的体验。除了一往无前的拼搏与体育竞技，定向还给他一种探索、寻宝的快乐。

"处暑三伏，每天四点多就早早起床，准备、候场、热身……一天的比赛很早就拉开帷幕。"在全国赛的赛场，这样的作息已经成为每个人的常态。"比赛很累，但很有趣，也收获满满。"他如是说。比赛的辛苦疲惫，在一片真诚与炽热的决心前显得不值一提。

因为热情，于有限中创无限

从一个普通会员到副会长、再到会长，从一个从未接触定向运动的新人变成参加全国赛的核心队员，王文轩这一路走得很坚定，也很执着。他认真观察，用心体悟，了解到这个协会的不足与有待提高之处，并萌生了很多的想法。成为会长之后，他把这些想法一一付诸实践，包括成立定向队，汇集定向精英人群，备战全国赛；建立三个部门，招募干事，维护社团的日常运营；成立青训队，吸引想提升自我的定向爱好者，为全国赛储备人才。他竭尽全力，让同济定协变得越来越好。与此同时，他也努力训练，日复一日地锻炼，只为提升自我，为校争光。

"定向是一项充满魅力的运动，每一次都会有或多或少的失误，每一个定向人都要学习的能力是在高压下减少自己的失误，把自己能做的做到最好。"王文轩如是说。定向教会了他很多，不仅让他拥有强健的体魄，也让他学会了很多道理，并将其应用到学业与生活之中。

因为热爱，所以坚定

对于王文轩来说，除去同济大学定向越野协会会长这个职务以外，一直贯穿他大学生活始终、影响最大的身份是化学科学与工程学院的一个学生。化学工程与工艺，是他报考同济大学时所选择的第一志愿，他也一直在用这四年的时间，努力学习，勇敢追梦，用实际行动，践行这一份热爱。三次校级一等奖学金，三年先后获评优秀学生干部、优秀学生、优秀学生标兵，这足以证明他在学业上的成就与收获。

"四年学习生涯，给我印象最深的还是大三的暑假，很幸运能有机会代表学院参加两个竞赛。"全国大学生化工设计竞赛华东赛区一等奖与上海大学生化学实验竞赛二等奖，因为偶然而同时进行两个竞赛的他斩获了如此令人可喜的成绩。

因为协作，于压力中寻求突破

"一个人做事情成果很少，一群人成果很多。"在接受采访时，王文轩反复强调着，成果属于参与全国化工设计竞赛大学生的整个师生团队，五个化工专业的学生、两个带队老师，而绝非属于他个人。他热爱这个融洽的集体。

2019年7月　上海大学生化学实验竞赛

2019年7月　团队在机房准备设计竞赛

"大家的感情像是亲兄弟一般。"王文轩这样形容竞赛团队。闲暇之余,他们唱歌、谈心、打游戏。"被关在一起"的将近一个月的时间里,大家一起熬夜,一起埋头苦干,一起面对未知的摩擦和矛盾。在这夜以继日的奋斗中,他们的感情也不断变得深厚。每一个人都充满着干劲,积极且阳光。他们在做自己喜欢的事情,全身心投入其中,只想着把眼前的事情做到最好。

因为锻炼,于奉献中收获成长

除了定向运动和学习之外,王文轩也很喜欢做公益相关的项目,尽己所能去服务他人。"班长的经历告诉我,班长并不是管理同学们的,更多的是要服务同学们,让班级这个集体更有凝聚力。"王文轩从大一开始一直担任班长,还担任过化学科创俱乐部的主席,无论在哪一个职务位置上,他都尽力做好自己,服务好他人。大三的时候,王文轩获得同济大学唐仲英德育奖学金,加入了同济大学仲英公益促进协会。

2018年10月　同济大学仲英公益促进协会山大之行

王文轩谈到了自己在世纪明德兼职的经历,作为辅导员,他带领40个左右的中小学生在沪杭两地游学五天。他和搭档们给他们介绍沪杭的历史,传输各种各样的知识,展现当代大学生的风采,帮他们坚定理想,给予他们更多学习的动力。"读万卷书,不如行万里路。作为一个旅行中的辅导员,我要带给孩子们的并不是课本上的知识,而是对世界的认知与理解。"

因为热爱,所以相信

　　面临毕业关口,谈及未来,王文轩说:"勿忘初心,勇往直前。""我是一个很幸运的人,我现在就已经找到了我喜欢做的事情,我一定要坚持地做下去。"热爱,这个关键词从初入学起贯穿了王文轩整个大学生涯。因为热爱,他加入定向越野协会,在这里不断前进;因为热爱,他选择了化工作为自己的专业,并不断钻研;因为热爱,他参与很多公益活动,用有限的经历创造无限的可能。

> "只要是去做热爱的事情,就不会考虑过多的其他因素,就不会过分计较得失,我相信未来的路会是坦途。"

卢滢伊：青年力量，同济学子勇担当

卢滢伊

卢滢伊，女，中共党员，浙江台州人，2018级上海国际知识产权学院知识产权专业，WIPO-同济大学联合培养知识产权法硕士项目班学生。硕士期间，担任院研究生会副主席、"果汁·知产力"志愿服务队业务部部长、班级宣传委员等职务。曾获复旦荣昶高级学者奖学金、院优秀学生干部等荣誉。经由学院选派及世界知识产权组织（WIPO）确认接收，曾在瑞士日内瓦WIPO总部实习一年。

心怀向往，跨越南北来到同济

"这是每一个知产学子既好奇又向往的地方，同济搭建了这个平台，我就要去争取它。"

在天津完成本科学习的卢滢伊，自2018年进入同济大学学习。入校前，她就被学院开设的世界知识产权组织（WIPO）实习项目深深吸引，她暗暗下定决心，希望获得前往世界知识产权组织实习的这个宝贵机会。作为知产学子，她深知在知识产权这项国际合作密切的学术和实务领域，WIPO给一切国际合作的开启和谈判的平台搭建提供了基础性的保障。而身为WIPO-同济大学联合培养知识产权法硕士项目班的一员，她认为，纸上得来终觉浅，只有走入工作的岗位，才能真正体悟和学习到一名国际组织职员所应当具有的专业能力和语言能力。

"WIPO的联培课程，学习任务并不轻松，但如果我真的获得了实习机会，我要有实力证明中国学子的能力。"

全面发展，国知青年勇于担当

带着这样的想法，卢滢伊不仅在专业学习上肯下功夫，课余时间也积极参与各项社会实践和志愿服务工作。从学院举办的4·26世界知识产权日活动，到法律志愿服务队前往绍兴开展的 12·4 知识产权法治宣传日活动,再到第一届中国国际进口博览会期间召开的第十五届上海知识产权国际论坛暨全球知识产权保护和创新发展大会,都留下了她志愿服务的身影。"志愿服务不是完成学院和学校的任务,是真正地在热爱的领域投入热情,发挥自己的价值,这也许就是青年人要勇于担当的内涵吧。"

2019 年 11 月　中国国际进口博览会志愿服务现场

作为国际联合培养项目的学员,卢滢伊的班级里有来自"一带一路"沿线多个国家的 24 名国际学生。身为学生干部,她的工作其实并不好做。"来自世界各地的同学们是第一次来到中国,对他们来说,最大的困难来自生活而不是专业学习。"而且同学们的需求各不相同,帮忙在中文电商网站下单和寻找快递取货点,打印一张可以帮助他们完成请假流程的标准格式假条,或者是帮抢"一课难求"的校级讲座,这些校园生活中最简单的环节平凡琐碎,却是她最常做的事情。"既然他们信任我,向我寻求帮助,我是一定会把事情做好的。"

经过学习生活的朝夕相处,她和同学们建立了深厚的友谊。她常常向同学们介绍中国的人文历史、传统佳节，也和他们一同分享本地美食，而有丰富工作经验的国际同学们也让她在专业学习上发现了不一样的风景，了解了更多国家的风土人情。"让更多的人更全面地了解我们的祖国、我们的家乡，这是每一个中国学子都时刻肩负的使命。"

滴水成海，同济学子走向国际

经过一年的学习和积累，经过学院的推选和世界知识产权组织的确认接收，卢滢伊终于收获了前往 WIPO 开展实习的宝贵机会。"我没想到我真的可以获得这个机会，但是我也有信心说我有能力去圆满完成这项实习。"在联合国系统中，作为实习生接收流程较为严格的国际组织之一，世界知识产权组织在岗实习生人数在五十名左右，这也就意味着，每名实习生都像正式职员一样，需要承担起一定分量的工作任务。2019 年 9 月，卢滢伊一办妥入职手续，就开始了紧锣密鼓的实习工作。两个月后，其供职的海牙联盟法律事务司就将召开面向海牙联盟成员的第八届法律工作组会议，因此完成各项会议文件及其各种语言文本的核查校对工作成为当务之急。同时，海牙日常运行中的法律问题及法律研究也需要同时展开。作为组内唯一以中文为母语的成员，她承担起了所有工作组文件中文版的最终核查校对工作。"文字工作是比较辛苦的，很多专业术语需要与原始文本进行核对，引用信息也要一一索引校对，都是很细节的问题，但是都很重要。"

在六个月的实习合同即将到期的时候，基于工作的态度和能力，她成为学院选派至世界知识产权组织实习的同学中唯一一名延长实习合同的实习生，继续在岗位上完成一年的实习工作。

心怀祖国，在世界角落发光发热

2020 年新年伊始，新冠疫情在全球范围内蔓延开来。身在境外，卢滢伊看到了太多来自不同媒体平台别有用心的报道，丑化着中国的抗疫实况。一开始，面对外国同事的"关切"提问，她尽力将自己收集的信息转述给他们。但是后来她发现，这样零星的力量太分散了，也不能凸显效果。与几名志同道合的朋友筹划设计之后，她以联合发起人的身份推动了一项名为"Sparks of Law"的公益项目。这是一项致力于"分享中国抗疫期间法律经验与实例"的国际志愿者活动，通过这一平台，更多富有实践意义的信息将能传递到各国（尤其是"一带一路"沿线国家），帮助世界各国尽早战胜时疫。同时,她也希望通过平台的搭建,吸引更多分散在世界各个角落、却渴望为祖国贡献力量的"星星之火"。

<u>心怀祖国的青年人,汇聚成更大的火焰,定能为传递中国声音发挥出更大的能量!</u>

白雨杭:守住初心,不负韶华

白雨杭

白雨杭,男,中共预备党员,河北保定人,2017级土木工程专业本科生。曾担任2017级土木一班班长、毕马威校园大使等职务。曾两次荣获同济大学优秀学生,并获得国家奖学金、SICC第五届大学生国际学术研讨会优秀论文宣读、中国大学生数学建模竞赛上海赛区三等奖等多项荣誉。在担任班长期间,带领班级取得了优良学风班、心理剧大赛三等奖、合唱比赛一等奖等诸多成绩。

"每一个同济学子身上都有无限的可能性"

在同济,有同学间的真挚友谊,有师长的鼓励教诲,但同时,也有着严谨求实、刻苦钻研的学习品格。教室中专注凝神的双眼,图书馆中每日必现的身影,自习室中沙沙作响的笔尖,白雨杭无时无刻不在珍惜着自己的学习时光。

没有任何的成功不需要努力,也没有任何的收获不需要辛勤耕耘。当拿到国家奖学金的那一刻,他感叹道:"来到同济,我见到了那么多成绩出色的同学,曾经感觉可望不可即。但在一步步的努力下,我终于有了和他们一争高下的机会。我不得不承认,每一个同济学子身上都有无限的可能性。"

"投身科研,同济学子要敢于挖掘自身的潜力"

步入大学校门后,白雨杭有过多次科研经历。从最初木结构模型的分析,到基于无人机摄影的桥梁三维建模,再到再生混凝土粗骨料吸水率试验和混凝土流变性的相关研究,白雨杭主动与教授联系,参与到课题组中,与师兄师姐一同投身科学研究。

科研的道路本就不是一马平川,对于一名本科生来说更是困难重重,面对众多的参考文献和烦琐的试验数据,白雨杭在专业课的学习之余努力汲取知识,孜孜不倦地拟合试验结果。想到参与课题过程中的种种挫折和收获,白雨杭说:"投身科研,走学术的道路,对于一个本科生来说并不容易。但作为一名追求卓越的同济学子,我愿意迎难而上,挖掘自身的无穷潜力。"

参与课题研讨

"高中的班长为老师服务,但大学的班长要为所有同学服务"

高中时期便担任班长的白雨杭在来到同济大学2017级土木一班后自告奋勇再次任职班长。初来乍到,对自己的定位不甚明了的他也曾陷入迷茫。他感觉到大学的班长已经不再是只需能开展班会、维持纪律就能胜任的角色了。在知道白雨杭对大学班长定位的困惑后,老师主动与他交流道:"大学班长的定位不是老师的辅助工具,而是要主动去为同学们服务,为大家的大学生活增添一抹亮色。"

"成为同学们大学生活的引导者和服务者"是白雨杭担任班长的重要理念。为了让同学们尽快适应大学生活,增强班级的凝聚力,他举办了多种多样的活动。从篮球赛到歌唱比赛,从一大会址参观到共青公园烧烤,从爬佘山到"轰趴"聚会,从上海动物园捡拾垃圾到鲁迅公园春游。多种多样精彩的活动给班里同学带来了温暖与感动,也让他收获了作为班长的责任感与自豪感。

"新时代青年要有新时代青年的使命感"

作为新时代的青年,白雨杭自始至终践行着为国家奉献、为社会服务的使命。他刚步入大学便提交了入党申请书,在党组织的层层考验下,他如愿成为一名预备

组织参观一大会址

组织上海动物园捡拾垃圾活动

党员。作为党组织中的一分子,他多次参与无偿献血和志愿服务活动。

在新冠疫情快速蔓延的严峻形势下,他在小区门口担任记录员,对小区住户严格记录,发挥着自己的一份作用。在这期间,有过进出小区人员的不理解,有过寒风凛冽不得不躲进简易帐篷的辛酸,有过要求住户戴口罩却被拒绝的尴尬,但这些都没有让白雨杭停下脚步。"疫情当前,我们能做的不仅是自我保护。作为党员中的一分子,我应该挺身而出,为国家、为社会做一些力所能及的事情,让危机早日过去。我觉得服务社会、奉献祖国是我们新时代青年应该有的使命感。"他如是说道。

当问及白雨杭的收获和体悟时,他回答道:"没有哪一个人生下来就是完美的,

参与疫情防控记录工作

也没有哪一段成功能够轻而易举地取得,甚至看起来微不足道的成绩,其背后也可能经历了血与汗的历练。作为新时代的青年,我们身上还有着巨大的潜力和能量等待被挖掘,等待着成功路上的荆棘挫折来将其释放。因此,我们应该对人生的每一阶段都充满敬畏,对自己选择的道路坚定不移地走下去。坚守初心,朝着自己希望的方向努力,虽然不一定取得最好的结果,但一定会让自己无悔于脚下的每一步。未来的人生还很长,我要学习和体悟的还有很多,我愿意继续和所有同学携手共进,相互勉励,共同成长。"

<u>未来永远有无限可能,每个人都是自己人生的主宰。白雨杭希望在自己的号召和呼吁下,有更多的同学向着自己的初心和目标努力,追求优秀,追求卓越,创造属于自己的别样青春。</u>

刘卓娅：时光带不走的爱

刘卓娅

刘卓娅，女，共青团员，2016级外国语学院英语系本科生。曾创立同济大学"拾忆"老年人认知障碍公益服务团队，担任同济创业谷资源拓展部部长、外国语学院学生会外联部干事。曾多次荣获国家奖学金、同济大学本科生一等奖学金、同济大学优秀学生（标兵）。曾获"中国大学生5分钟科研英语演讲"全国一等奖、英才杯沪台辩论赛亚军、卓越杯大学联盟大学生英语演讲比赛一等奖、港澳国际辩论赛亚军、"21世纪杯"全国英语演讲比赛上海赛区总决赛三等奖等。担任国家创新项目和校SITP项目负责人，曾代表同济大学参加北京大学国际模拟联合国会议、华东区学生论坛。

"以所学报所爱"

刘卓娅的外公患有阿尔茨海默病，他忘记了自己的名字，忘记了他所爱的家人。为了外公的安全，家人需要24小时照护他。有一天，外公悄悄地独自离家，却忘记了回家的路，他们找了一天一夜，终于在一个公交站台发现了外公。刘卓娅一直关注像她外公一样的老人，从小便思考应该如何鼓励患者和社会积极应对认知障碍。她时常在想，如何通过专业知识去帮助老年人做一些改变？如何帮助这些病患家属在面临认知障碍时不再像当年她和她的家人一样悲伤却又无奈？

在大学的专业学习当中，刘卓娅态度认真、不断进取，连续三年综合排名第一，曾多次获得国家奖学金、同济大学本科生一等奖学金；她广泛阅读书籍，参加复旦大学辅修项目并顺利结业；她积极在国际性活动与比赛中分享观点、讲述中国故事。多元的知识拓宽了她的视野，也让她决心以专业知识为落脚点，致力于认知障碍的研究与服务。

"即使你忘记了全世界，我们也不会忘记你"

刘卓娅加入同济大学老龄语言与看护研究中心，研习老年语言学，并通过同济

拾忆团队在社区开展认知科普活动

在社区为老人进行认知评估

医院神经内科培训考核,注册为认知评估员。她主持国家级大学生创新创业训练计划项目"基于语料库的失智症老年人语用特征研究",在科研基础上,她与同济医院神经内科专业团队以及国内一流的人工智能企业科大讯飞合作,一起研发了智能化认知筛查工具,并自主开发微信小程序,帮助家庭实现认知自测。

三年的历练让刘卓娅积累了丰富的实践经验。2019年暑假,刘卓娅创立了"拾忆"老年人认知障碍公益服务团队,该团队糅合了外国语学院、医学院等多个专业的力量,开展基于老年语言学研究的上海社区认知障碍公益服务。他们坚持在上海多个街道、社区为老人进行免费认知评估筛查,已为近千名老年人免费提供预防、诊断、康复等工作建议。

在社区进行问卷调查

一开始,刘卓娅发现,周围还有很多人并不了解老年人认知障碍,或是认为那只是因为年龄增长而无可避免的"老糊涂",他们不相信也不愿去接受自己患上阿尔茨海默病这一事实,这给初期的工作造成了一些困扰。"这些老人,他们往往脆弱、敏感,也因为认知障碍导致表达困难,他们害怕给别人带来麻烦,觉得自己是家人的包袱,而包裹在脆弱表面下的是他们勇敢、不服输、努力生活的心。"

"不要让本可以的事情变成来不及"

两年来,刘卓娅和她的团队每周都会去社区和养老院,他们希望能够通过"拾忆"来提高公众认知,消除对认知障碍的歧视,让这群特殊的老年人有尊严地生活。在接受采访时,刘卓娅强调"生命的每个阶段都是有意义的"。她永远无法忘记那些老人激动地握住她手的瞬间,有一位老人对她说,已经很久很久没有人去关心他在想些什么、说些什么了。在实践活动中,刘卓娅越深入和他们接触,越能体会他们对待认知疾病的无奈和恐惧,也许她和团队的些许行动,对于老人而言就是长久企盼的关爱。

"拾忆"的团队日益庞大,除了同济的学生之外,团队与一些公益机构和社区达成合作,活动规模也逐步扩大。最让刘卓娅高兴的是能参与她喜爱的《忘不了餐厅》节目活动。谈起在项目中的收获,她说有很多意外之喜,老人的一些话语和动作总能深深触动她,也正是这份触动让她想将这份爱一直延续下去,将自己的所学、所爱、所长,加持以最广博的善意,传达给他们。

受邀参与同济大学人物志节目《济遇》拍摄

"知者行之始,行者知之成。"刘卓娅坚持知行合一,以理论学习推动社会服务,以社会实践反馈科研成果。她不忘初心、牢记使命,积极践行"老吾老,以及人之老"的传统美德,投身老龄事业。

严熊白雪：明朝长路，初心不改

严熊白雪

严熊白雪，女，中共党员，湖北鄂州人，2019级软件学院研究生。研究生期间担任嘉定团工委副书记、所在研究生班班长，并曾获得中国研究生数学建模竞赛三等奖。2018年7月至2019年7月曾在云南元谋支教，并获得该年度"大学生志愿服务西部计划优秀志愿者"称号。本科期间曾获得同济大学优秀学生干部、同济大学社会活动奖学金等奖项。

支教一年，将热情带往西部

在支教地云南省元谋一中，白雪老师俨然是个多面手，从初一到高三、科目从语文英语到物理数学，"哪里有需要哪里就有我"。教书之余，白雪也会思考："元谋这个地方，农业发展并不滞后，为何经济和教育发展却不如人意？""我们选择来到这里支教，在教授好课程之外，还能做些什么呢？"

"他们应该看到更多外面的世界。"元谋的孩子大部分衣食无忧，但学习始终还需老师催促。白雪动员其他几位支教老师，共同发挥自己的力量，为元谋一中初一初二的学生准备了特殊的新年礼物：来自国内外三十几所高校的两百多个哥哥姐姐为他们写下的明信片。这一张张来自不同国家不同城市的明信片上，写满了哥哥姐姐对孩子们的鼓励与期望。白雪也为学生们开设了多次青年讲坛，"大学是什么""大学专业知多少"，联合留学生支教团，用半个月的时间为每个班学生都讲了一次课……外面的世界很精彩，白雪真切地希望孩子们像她一样，从小城市闯出来，"让孩子们可以有更好的未来，这就是我的初心吧"。

脱贫攻坚，也要从孩子抓起。在元谋的日子里，四名支教老师是最积极陪同班主任家访的。"我们的小电动车是不能去爬山的"，于是最多的时候，白雪是搭着其他老师的摩托车去一个个村子的，"我们翻过九十八道弯的小凉山，也搭轮渡越过金沙江，碰到过彝族杀猪饭的热闹，也见到过房间和牛棚紧紧挨着的孩子家……"

班上的孩子初中还没有念完,就不想再读书了,白雪和班主任老师一遍遍去孩子家里,终于是劝回来了。这一年走过了比之前二十年都多的山路,"也许每多走一户人家,就会有多一个孩子回到课堂"。

在有关家长们的工作方面,白雪在元谋一中公众号开设了板块,展示校园和孩子们的风采,"平时我爱好的摄影和写作,在宣传工作上也起到了作用"。图片、文章、视频,多种方式的宣传,在一定程度上使家长和孩子对教育更重视了,相信这里的发展之路一定会越来越好。

在元谋一中开展教育宣传工作

学生工作,学会"责任"

本科四载,匆匆流年,每个人都演绎出了自己不同的生活。在部门发光发热、策划晚会、创立公众号,这是白雪选择的道路,也为初入学时的支教梦想作好了准备。

从大二到大四这三年,白雪参与策划的活动不计其数。大自毕业晚会、新年晚会,小至长跑赛、龙舟赛等体育活动,都能在其中看到她忙碌的身影。"我十分享受这个过程,看到台下观众雷鸣般的欢呼,油然而生的这份成就感是任何事物都无法比拟的。"

"在一次又一次的学生工作中,我发现'能力'与'责任'还能这样互相成就。"于是,白雪决定在学生工作中锻炼自我,"这会让我的能力足够胜任未来的支教任务!"

在白雪的工作字典里,"责任"位于首页。她曾任职的部门致力于校园文化建设,"这一年,没有学生比我更了解嘉定"。在任职部长期间,她继续打造"新年晚会""绿色校园"等多个品牌活动,同时联合嘉定团工委各个部门,把舞台搬到露天场地,把节目带进大家的生活里,开创了"济樱嘉年华","我们选在晚樱最盛的日子里,让所有人都能记住这个四月,也记住校园文化不止一种模样"。

白雪一次次牺牲课余时间,只为给同学们带来最好的体验。每一次活动都是在不断的排练、修改、讨论、再修改中完成的。特别是晚会,一旦确定了方案就开始抓节目,细致到每个场景、每句台词,甚至有的时候,白雪还要跟小伙伴一起通宵改节目剧本,力求每个环节都能达到完美。

与搭档们的晚会彩排

同时,白雪也在追求能力的多样化。除了完成学业之外,校内外志愿活动也常见她的身影,她还自学了摄影与公众号的写作排版。"只有拥有足够的能力,才能承担我的那一份初心与责任。"

"我的声音,也可以让更多人听到。"白雪曾和朋友创立公众号"嘉里事不告诉他们"。在这个自媒体风靡的时代,她的公众号满满都是实用的嘉定校区资讯、有趣精彩的校内活动和心得分享,获得当年的"同济大学共青团十佳公众号"称号。"刚升大三时机很巧,朋友建议我说做个公众号给即将来嘉定的学弟学妹作指南,同时我也想分享好玩有趣的东西。"于是白雪精心地设置了"嘉定必知"和"校园事务"的栏目,为同济学子提供便利,尽可能开拓前路。

白雪在"青春同济""同济大学"微信公众号都担任写稿工作,两年中独立完成几十篇原创推文,其中多篇文章被大量转发,阅读量破万,这些都为她积攒了不少宝贵经验。而在之后的支教工作中,这项能力也起到了极大的作用。

回归校园,为"科创同济"发光发热

支教结束回到校园的白雪,完成了"让孩子们变得更好"的最初愿望,也有了

"为同济,做出一点事情"的新目标。

于是白雪在学校被委以重任,开展一项新的工作——科技创新。同济在飞速发展,学术成果层出不穷,对于全校学生,营造出浓厚的学术风气、挖掘学生的科技创新意识是非常紧要的工作。

白雪从零开始,结合自身经验,打造学术品牌。一个新成立的部门、几个年轻的小朋友,白雪带领这支崭新的队伍,在2019年下半年完成了两件大事:收获了"青春同济"微信公众号一年内最多的点击量——12万,在嘉定同济体育中心举办了最隆重的比赛和颁奖典礼。白雪结合自己做微信推送和导演晚会的经验,将"学霸"对同学们的吸引力推向了一个具有重要意义的高点。"谁说同学们只喜欢热闹的文艺活动,学霸们的神仙大战也能吸引大家的注意。"在收获几项瞩目的成果之后,白雪就开始负责同济大学学生科协的成立工作,"这个从无到有的组织,将会发挥怎样的作用,又将会为同济带来怎样的变化,一切都是我未来的探索方向"。

"学术之星"答辩暨"学术先锋"颁奖现场

<u>明朝即长路,惜取此时心。永远不忘责任,永远一腔热血,秉承一颗炽热的初心,在每个领域都焕发光彩!</u>

严德裕:青春如墨,挥洒美好画卷

严德裕

严德裕,男,共青团员,广东广州人,2018级土木工程学院土木工程专业本科生。曾荣获2018—2019学年优秀学生称号、上海市奖学金、"台界杯"同济大学第四届土木工程材料知识竞赛二等奖、2018年同济大学化学知识竞赛三等奖等荣誉。现加入同济大学混凝土轻舟队,负责材料创新研发方面的工作。

科研并不意味着一条康庄大道,相反,它意味着沉重的责任和担当

自高中开始,严德裕就对科研展现出极大的兴趣,在学有余力之时经常自己尝试解决学术方面的难题,并以此为乐。到了大学,同济这个广袤的平台给了他无限的机会。他不断探寻着,试图找到适合自己的发展方向。大一一整年的探索,让他逐渐了解了土木工程这个学科专业的未来前景和当下的科研热点,他决心在专业领域深耕,为实现自己的夙愿而无怨付出。

带着一分好奇,同时也缘于一部分的机缘巧合,严德裕加入了同济大学混凝土轻舟队,这个有着独特而浓厚的学术背景和实践精神的团队。但是,真正的生活并没有他想象中那么容易。一个团队需要每个人全力的配合和付出,方能有所成就。为了研究并借鉴前人的成果,他需要阅读大量的中英文文献资料、参考书籍,并如大浪淘沙般发现可供应用的技术和条件。为了造好一艘完美的轻舟,他在无数个日日夜夜进行抹船训练。对于一个从来没有经历过土木工程施工工作的人来说,拿起从未使用过的瓦刀,将新拌混凝土一块块地抹在光滑的模板上,控制一定的厚度并且抹平,这谈何容易?

他并没有被这些困难吓倒。随着困难一步步被克服,专业文献也不再如开始时那样晦涩难懂、不知所云。每星期两次雷打不动的施工训练中,他把握每一次机会,提高自己的抹船水平,他最终的目标是——把混凝土抹得和瓷器表面一样

2019年11月　混凝土轻舟队完成参赛轻舟的建造

光滑!

他习惯了每天将近十一点才回到寝室休息,而第二天早上又有新的课程的新生活。但他无怨无悔,因为在其中,他受益匪浅。

2019年9月　在混凝土轻舟的浇筑现场与队友进行沟通

"或许我并不是最出彩的那一个。但是,在这里,你可以发现你从来没有想过的问题,从而获得更多的启发。这里学到的,比课堂上的要多得多得多。我觉得很酷。"他如是说。

时光匆匆,严德裕已不再是一年前刚刚进入轻舟队的新人,而是掌握轻舟队技术的"老人"。经过换届,严德裕正式从轻舟队前辈们的肩上接下重担,开始研究次年混凝土轻舟可能应用的新材料。前人做实验积累的大量数据、国内外参赛高校历年的设计书,以及浩如烟海的文献资料,都需要他仔细浏览,并归纳出具有可行性的创新点。不知道有多少个深夜,他为了找到合适的材料配比苦苦探寻。严德裕始终铭记自己的初心和夙愿,肩负起沉重的责任和担当,将自信的目光投向更为广阔的学术之海。

"无论最终如何,这都是一整个团队的荣誉。我的成果不算什么,所有人的共同努力才是最宝贵的。"尽管在整个团队里面,没有哪个人拥有决定性的贡献或成果,但团队的每一分成就都凝聚了团队里每一个人宝贵的心血。学长和学姐帮助和提携后辈,同辈之间相互交流结下友谊,严德裕体会了个人的成长,也见证了团队的成长。这种来之不易的收获,是他大学生活中无法割舍的一部分。

为朋辈服务,在帮助中充实自我

严德裕无时无刻不保持着一种随时帮助他人的热忱。早在刚入学的时候就递交了入党申请书的他,在近两年的学习生活中,努力发挥自己专业所长,不辞辛劳地帮助在学习或者其他方面有需要的同学。

因为在课外他曾涉猎过一些数学建模的知识,有一些数学建模的经验,因此应数学建模协会的邀请,他精心准备了一次 Python 建模的培训课,为有意向参加数学建模比赛的同学们提供帮助。培训课的视频在网上收获了超过八百次的播放,并且播放量还在不断上升。"我本没有想过,我的粗浅的讲解能够带给这么多人帮助。如果有可能的话,我将来还会给大家带来更多培训课。"线上授课这种新的教学模式给予了他极大的启发,网络的传播能力也出乎他意料之外。因此,他已经制订好初步的计划,并打算在学业之余完成其他课程视频的制作,并借助互联网的形式,将自己的经验分享给更多的同学。

除此之外,他还被邀请到"结力空投"现场,为返校后需要补考或者缓考的同学们梳理结构力学课程的知识点和难点。为了把"平面几何构造分析"这个知识点讲解透彻,他广泛参考课本、习题、网上教学视频,总结自己的学习经验,力图用最平实的语言把知识讲透,解决同学们的难题。他说,连续一个小时的授课让他体会到当老师的艰辛,但当看到聊天区里同学们一句句"学会了"和"感谢",他感到由衷的满足和欣慰。即使交流分享的时间可能不算多,他也要让每一秒最有价值、最有意义。

> 严德裕从来不去炫耀自己的成就,也从不为已取得的成绩沾沾自喜。认清目标,全力以赴,这就是他的选择,也是他从未动摇的初心。

李心怡：为天下人谋永福，愿世界和平

李心怡

李心怡，女，共青团员，福建福州人，2017级工程（土木）—法学（创新实验区）专业本科生。在校期间担任同济大学土木工程创新基地分俱乐部的主席、土法班班长及心理委员等职务。曾荣获同济大学优秀学生干部、同济大学优秀学生等称号，以及杨佩昆奖学金，美国大学生数学建模特等奖提名，应用力学创新竞赛一等奖、土木工程"走进美国赛"二等奖、数学建模上海赛区二等奖、人工智能创新竞赛上海市三等奖等奖项。

信心来自实力，实力来自勤奋

"把握今天，创造明天，今天的勤学则会迎来明天的美好。"自从大一开学以来，李心怡便勤奋刻苦，孜孜以求，不曾有丝毫的懈怠。课上她奋笔疾书汲取知识，课下她勤于思考拓展自己的思维。因此她在各科的学习中都取得了优异的成绩，在过去的两年中分别获得了同济大学优秀学生奖学金、杨佩昆奖学金的奖项。

"意大利建筑之旅"合照

学习之余,为了提升自己各方面的能力,李心怡积极参与了各项竞赛活动,先后荣获美国大学生数学建模特等奖提名,以及应用力学创新竞赛一等奖、土木工程"走进美国赛"二等奖、数学建模上海赛区二等奖、世界人工智能创新大赛上海市三等奖等奖项。

为了响应学校培养创新型人才的理念,她不断投身各种创新活动。大一期间,她作为项目负责人的SITP项目顺利结项。大二期间,她尝试了跨学科合作,与其他专业的同学共同努力申请到了国家级创新项目,并已顺利结项。

为了拓宽自己的视野,她于大二暑期参加了"意大利历史建筑之旅"夏令营。旅途的所见所闻让她对自身、对这个世界有了更加全面的认知。

个人因集体而优秀,集体因个人而卓越

大一期间,李心怡担任班上心理委员一职,为同学们的情感问题、学业压力等排忧解难。

从大二开始,李心怡被大家推选为班长。她与其他班委于学期初合力成立了学习辅导小组,为在上学期期末未能取得如意成绩的同学提供帮助。为了丰富同学们的课余生活、提高同学们的综合素质,她积极组织活动,使同学们得到了锻炼,也为同学们提供了展示自己才华的空间,并最终带领2017级土法班获得了"优秀学风班"称号。

创新基地团建合照

身为同济大学土木工程创新基地分俱乐部的优秀成员,李心怡于大三学年被聘为俱乐部的主席。各种活动使她的组织能力、沟通能力得到了全方位的提升,同时也让她更深刻地理解了集体与个人的关系。

最大的成功在于最大的付出

"世间万般,若有一事,你想做、能做、应做,就当立刻为之。"在学习之余,李心怡也不忘积极参与各项志愿者活动。

在大一暑假,她作为同济大学春晖社成员前往湖南建塘村进行为期两周的支教。三伏天的烈日、陡峭的山路给志愿服务带来了巨大的挑战,但是她说:"有可能的话,想让这次支教成为他们不一样的转折点。"当看到孩子们开心地围着自己分享自己的故事时,一切的困难早已被抛到脑后。"这一路上的收获让一切辛苦有了意义。"最后一天,孩子们为这些志愿者编织了属于他们的王冠。

第一次住 14 个人的宿舍,第一次看到夜幕降临时的满天星光,第一次如此真实地看向那么多双孩子的眼睛,看到他们眼底的快乐。"孩子们所见,大概就是他们世界的轮廓了。希望我们能为他们带去不一样的风景。"总体而言,这次的支教生活点燃了她对于志愿服务的热情。

此外,李心怡在 2018 年、2019 年连续两年的中学生结构邀请赛中任志愿者并作为志愿者代表发言,成为星光志愿者并获得了志愿者证明。

建塘村小学合照

勇敢踏出第一步,尝试不一样的事物

"高中时期的舞台经验只限于混迹在人群中。我想试试自己拿起话筒的感觉,感觉会很耀眼、很刺激。"在大一的迎新晚会上,每个班要求推一个节目,那时李心怡没想到,这就是Tutols乐队的开始。

"那时,班里要排个音乐节目,缺人。"李心怡回忆道,"这是我的全民K歌,我想试试主唱。"

"当时想做,就去试了。也没想着被拒绝就没害怕。只觉得要趁着有冲动,就去尝试一下。"

就在那次演出结束的聚餐上,像是"羊肉串店结义"那样,Tutols乐队成立了。从最开始的4个人,到后面逐渐壮大的队伍,李心怡的评价是"挺梦幻的"。从迎新到军晚,再到各种舞台上,能看到The Tutols的身影。"这就是青春吧。"

军晚演出

乐队,除了排练,更是约饭、谈心的小小组织。乐队成员偶尔也相约学习。"大家肯定都各有收获,不过我的收获肯定最大——收获男朋友一个。"

把握住时机,不管人和事都要

相识于乐队,相约于高数。除了学习、社团、比赛,"大学生活里当然要谈一场甜甜的恋爱啦",觉得生活更加充实的李心怡如是说。"心里总是要有根绳子系着,才能支撑我去往更远的地方。"尽管两人专业不同,但"努力"带动着"努力","积极"

拉动着"积极",相互促进,相互鼓励,打打闹闹,回首再看,已经一起走过了许多。"要去试着谈恋爱呀",她时常跟班上的同学们念叨。

> 李心怡用自己的热情感染着周围的每一个人,用自己的行动践行着"济人济事济天下""为天下人谋永福"的理念。"愿世界和平。"

杨 一：淡泊明志，宁静致远

杨一

杨一，女，共青团员，四川雅安人，2018级土木工程学院本科生。曾担任逐日科幻协会社长。曾荣获2018年度同济大学新生奖学金、同济大学2018—2019学年国家奖学金、2018年同济大学化学知识竞赛三等奖、2019年同济大学大学生数学竞赛（非数学类）三等奖、2019年同济大学大学物理竞赛非物理专业类组一等奖、第三十六届全国部分地区大学生物理竞赛（上海赛区）（非物理类A组）三等奖等奖项。所在团队曾获得2019年同济大学大学生暑期社会实践校级优秀项目等荣誉。

大学是充满机遇与挑战的地方，良好的态度是很重要的

2018年9月，在经历了一个同往常一样炎热而喧嚣的暑假之后，杨一同千千万万大学新生一样，踏入了自己并不熟悉的大学校园。那时的烈日似乎有些无情，幸而不时有风拂过……

"对我来说，求知欲是永无止境的，大学的生活应该足够使我安放好它吧。"大学生活刚刚开始，对她来说，没有所谓的无所适从，有的只是在脑海中一遍一遍的思考与构想——大学生活到底是什么样的呢？外形奇特的图书馆、古朴典雅的南北楼、各有特色的食堂……这些都使她充满了好奇。

"同济有藏书量巨大的图书馆，真是令人兴奋。"在很多时候，她都会跑到图书馆借书，不是为了挑灯夜战，只是为了寻求内心的安宁与静谧，拂一拂心上的浮尘。

"很多时候，我在学习中的行为都是求知欲驱动的。"求知欲是很重要的，对她来说，正是求知欲使她对新知识充满了好奇，想要去了解、去学习。她说："如果没有求知欲，我也不会曾经盯着一道高数题思考一个下午。"

求知欲并不仅限于对外部知识的渴求，还包括对自身思想行为的认知与思考，而这样的探求同样有所裨益。

她也同其他人一样，会时不时陷入焦虑，也会经常思考自己焦虑的原因。

阿兰·德波顿说过:"淡定与否终究取决于我们的期望高低,如果我们接受人生不如意十之八九(但这也没什么大不了的),改变不会一蹴而就(幸好人生路漫漫),多少人既非大善也非大恶(我们自己也在其中),人类社会总是一波未平一波又起,如果我们能让这些昭然若揭却闪烁不定的想法在内心生根,那么恐慌就没那么容易将我们降服。"

"我也曾有各种各样的焦虑,尤其是在刚开学时候,因为那时我并不知道应该对自己有怎样的期望。但后来我想通了,既然未来遥不可期,过去又无法改变,那只要认真做好当前的事情就好,不要陷于已逝的光阴,也不要迷失在对未来的期望与幻想中。"

认真做好眼前事,这是她的信条。她曾参加过各种竞赛,也不是说她从多久以前就开始筹划这些了,只是到那个时候恰好有机会参加,就认真地参加了而已。即使没有获奖,也算不得什么大事,毕竟人生不如意十有八九,她也不曾想过自己一定要获得多少荣誉。

杨一所在的社会实践小组

纸上得来终觉浅,绝知此事要躬行

> 人像一粒种子偶然地飘落到这个世界上,事先没有任何本质可言,只有存在着,要想确立自己的本质必须通过自己的行动来证明。
>
> ——萨特

由于种种机缘巧合,她在大一结束的那个暑假与其他三个团队成员一起奔赴山东,进行了名为"建国七十周年来煤矿发展及职工生活变迁的局部调研(以枣矿集团为例)"的社会实践活动。

"纸上得来终觉浅,参加一些实践活动是很有意义的,对纠正自己某些思想观念的偏差很有帮助。在实践中,我过去对煤矿的刻板印象确实受到了巨大的冲击。"

过去对煤矿的印象一般都是脏乱差,矿工在狭小的地下空间中进行危险而辛苦的工作。经过调研发现,现在的煤矿可谓是完成了一次全新的蜕变。

"当时踏进煤矿企业的大门,整个矿区给我的印象是干净、整洁,甚至还有小花园。再进一步了解后,我知道了现在采煤已经基本上实现了机械化、自动化。"

现在煤矿开采已经有了全自动综采工作面,极大地提高了效率,解放了矿工。此外,煤矿企业也向一些非煤产业(如橡胶、轮胎、化工等)进军,当今的煤矿企业正在一步一步转型,寻求新的发展机会。

"不得不说,这次实践也让我进一步体会到了团队合作的重要性。如果没有队友之间的相互支持,很难想象仅凭一个人要如何完成这样一个活动。"

"各种实践活动让我们冲出了书本上死的知识的桎梏,在实践中,我们有了最接近现实的第一手资料,有了真正属于自己的想法。"

实践过程中,事情的发展总不会和预想的一样,自己在各种不同情况下的行为有时候甚至会让自己感到困惑,但这也是进一步认识自己本质的一个绝好机会。

> "希望以后也能有机会参加更多实践活动,不为荣誉,只为成长。非淡泊无以明志,非宁静无以致远。遵从本心,做好眼前事足矣。"

吴天琪：知行合一，做爱国励志求真力行的新时代青年

吴天琪

吴天琪，女，中共党员，山东青岛人，2017级马克思主义学院马克思主义理论专业硕士研究生。硕士期间勤奋务实，锐意进取，曾荣获2017—2018年度同济大学优秀学生、2018—2019年度同济大学优秀学生标兵等荣誉，连续两年荣获同济大学优秀硕士奖学金，连续两年获评优秀党员。硕士期间参与的课题曾荣获上海市教育工会理论研究会2019年立项课题一等奖，负责的项目荣获同济大学挑战杯比赛一等奖，参与撰写的论文在第十六届（2019年）上海高校辅导员论坛征文中获一等奖。

下得苦功夫，求得真学问

"我们青年人更应该认清马克思主义的独特价值。作为马克思主义理论专业的研究生，我常常在思考，我可以做些什么，让马克思主义走进每一位新时代青年人的心中。"

"知者行之始，当你内心没有方向的时候，不如让自己静下来读一本书吧。"吴天琪回忆刚入学的那段时间，她发现研究生阶段与本科阶段的学习节奏截然不同。以往是以理论灌输为主的学习，目的是让大家掌握专业基础知识，夯实"地基"；而研究生阶段的学习更多需要的是自律自主、深入思考和敢于创新的能力。那段时间，除了上课以外，她一有空闲就去图书馆或者利用学校图书馆网站的电子书资源进行学习，坚持记录每一次的学习心得。

"习近平总书记告诫我们'青年要立志做大事'，我想利用我所学的理论，围绕一些现实的问题展开调查和研究，把我的思考转化为学术成果，也算是在平凡的岗位做出了一点不平凡的贡献。"

除了通过课堂学习和课外阅读扎实地掌握专业基础知识之外，吴天琪特别注重自身学术创新能力的提升，积极钻研专业学术的前沿。她作为第二负责人参与

全国学校共青团研究课题重点课题1项、上海市级项目3项(1项获一等奖,1项获二等奖)、校级项目5项,作为第一负责人主持校级课题3项(1项一等奖,2项二等奖),参编导师主编的著作2部,发表学术论文5篇。通过对青马工程、资助育人、劳动教育、青年教师文化素养提升等前沿问题的研究,她对大学生思想政治教育有了更深的体会。"通过我们的交流和访谈,让马克思主义与青年人对话,才能获得最真实的数据,从而获取最富有时代气息的观点。"她如是说。

以知促行,以行求知

"行者知之成,每一项事业,不论大小,都是用求真务实的态度,脚踏实地、一点一滴干出来的。我们应该抓住每一个实践锻炼的机会,在行动中认识自我、反思自我、改正自我、提升自我,做知行合一的实干家。"

2015年 暑期实践相关报道和活动照片

2015年暑期,吴天琪作为队长组织"纪念抗战胜利学习宣讲团",其活动被人民网、新华网、大众网、中青网等各大主流媒体宣传报道65次,各类媒体转载2 000

余次。"那次学习宣讲之旅,让我对'爱国'有了更深切的体会。真正的'爱国',一定是建立在正确的历史观的基础之上的,这是我们思想政治教育需要关注的重点问题。"吴天琪从那次暑期实践中,对青年学生爱国情怀的培养有了更深的认识;也是那次宣讲,点燃了她对中国历史和马克思主义理论的学习热情。

"作为青年学生,我们看到的都是政治舞台上的公务人员,这次,我可以站在公务人员的视角,看看青少年学生的成长成才和现实需要。"

2018年暑期,吴天琪在共青团上海市委员会进行了三个月的实习,参与了互联网企业团建规划筹备、网络新媒体宣传监控、主流媒体记者联系对接、团报团刊的订阅计划制定与宣传会筹备等工作,实践能力得到了很大提高。"在参与青少年活动的组织和策划过程中,我看到了青少年身上那种欣欣向荣、追求卓越的精气神,我深深地感受到作为一名青年教育工作者身上的重担。我希望尽我的微薄之力,为他们的健康成长和发展做一点贡献。"

"'好玩的时候才刚刚开始',我希望在我的陪同和带领下,让他们把美好的记忆带回台湾,在实地了解大陆的发展、深度体验中华文化的过程中,留下一些好的思考。"

2019年 台湾青年学生中华文化研习营

2019年暑假,吴天琪担任"台湾青年学生中华文化研习营"志愿者,带领台湾世新大学本科生交流团队进行了为期9天的交流学习,与世新大学的带队教官和大学生成为了很好的朋友。

"学习和实践的路上,我时刻鞭策自己、提醒自己:兴趣是最好的老师,热情不减更为关键。"

2019年5月,吴天琪主持的2019同济大学挑战杯项目"新时代高校海归青年教师政治意识形态调查研究——基于全国13所高校的调查研究"荣获校级一等奖。项目组选取全国13所高校作为样本,通过线上线下相结合的方式对海归青年教师政治意识形态状况展开调研。"其实这个项目我们还没有做好。我的项目指导老师、内部指导交流会的指导老师、决赛的校外导师都给我们提出了很多宝贵的意见,但是由于时间问题,我们没能继续改进和深入。在颁奖仪式上,颁奖的领导老师对我们说:'选题很好,可以继续研究。'"吴天琪说,虽有遗憾,但是他们取得的宝贵数据资料,为进一步的研究打下了良好的基础。

2017年　同济大学马克思主义学院迎新晚会

心怀感恩,做新时代的追梦者和圆梦人

"做善良的人,做喜欢的事。"吴天琪在生活中始终坚持诚信为本、与人为善的原则,研究生入学以来,她结识了很多学识渊博的长者和优秀的同学、朋友。"浇树浇根、交人交心,得益于这些良师益友的帮助,我的学习和生活更加充满乐趣。"课余时间,吴天琪积极参加各种集体活动,曾担任学院2017级迎新生文艺晚会主持

人、同济大学"使命与担当"决赛主持人。这些活动锻炼了她的能力,使她拓宽了知识面、提升了人格修养,也为她的研究生生活增添了光彩。

> "行动是理想最高贵的表达",走向工作岗位的吴天琪非常感谢母校的关怀与保护,感谢师长、同学们的一路同行。她希望接下来的日子里,自己能够更加努力,在追逐梦想的路上,心怀感恩,砥砺前行。

佘媛婕：以不息为体，以日新为道

佘媛婕(左二)

佘媛婕，女，共青团员，湖南湘潭人，2016级经济与管理学院会计学专业本科生，以总排名第一的成绩保研至同济大学经济与管理学院与数学科学学院联合培养的MF金融硕士专业。曾任同济经管学生会国际部部长、同济弦语提琴社社长、同济大学定向队及会计班班长等职务。曾荣获同济大学优秀学生标兵、同济大学优秀学生奖学金一等奖、同济大学社会活动奖学金、全国学生定向锦标赛混合接力赛第一名、上海市定向锦标赛女子第一名等荣誉，所在团队曾获得"知行杯"上海市大学生社会实践项目大赛一等奖。

志存高远，成功只留给有理想信念的人

2016年入学，佘媛婕被选拔为同济"筑梦卓越"第一届新生暑期夏令营营员，并在二班担任班长一职。在七天营队中，她对同济有了深入的了解，也树立了成为专业精英和社会栋梁的目标。

作为一名入党积极分子，佘媛婕关注社会热点问题，热心公益，关注可持续发展，具有强烈的社会责任感。她主动参加各类实践与志愿者活动，积极参与献血，曾担任2016年同济迎新小红帽志愿者、2016年同济毕业晚会志愿者、2017年同济110周年校庆志愿者和TEDx HuaihaiPark演讲大会志愿者。她曾作为学校代表参加汇丰"CityPlus未来之星"大学生可持续发展主题冬令营，参观公益基金会、碳排放权交易所、大亚湾核电基地等为城市可持续发展助力的组织和企业。在国家可持续发展议程创新示范区的学习，让佘媛婕对可持续发展战略有了更加深入的了解，她与组员将对可持续发展的思考撰写成文，共同获得了"优秀论文奖"。

她还积极参与赋启青年发展中心组织的公益教育营队，向优秀公益人物学习公益精神，结合所学专业知识，探索公益的多种可能性，并在阿里巴巴公益项目策划大赛中获得第一名。

大三上学期在法国里昂商学院交换学习期间，佘媛婕牢记使命，自觉做起了中

2019汇丰"CityPlus未来之星"可持续发展主题冬令营合影

佘媛婕和来自各国的交换生朋友们

华文化的传播者。佘媛婕与各国交换生们主动交流、相约旅行,向他们介绍中国的传统文化、社会的和谐稳定、民族的勤奋团结。面对很多对于中国历史和文化不了解甚至有偏见的人,佘媛婕都会耐心地为他们解释,并身体力行来彰显中国的开放精神与文化底蕴。一学期内,她与来自12个国家的朋友建立了深厚的友谊,在他们回国后仍然通过网络保持联系。在她的鼓励下,已经有异国朋友开始学习中文,做好了来中国交换学习的准备。在课堂上,佘媛婕表现也十分积极,作为唯一的中国交换生,她在 Digital transformation & new management 课上主动向同班同学介绍中国电商的发展历史和现状,得到了老师和同学的一致赞扬,并且在所有课中都拿到了 A 或 A+ 的成绩。

思考践行,机会永远只留给有充分准备的人

佘媛婕在专业上不断积累,养成了善于思考的良好习惯。多次参加辩论赛的经历锻炼了她的分析能力和逻辑思维,大一在参加"纵横经管"辩论赛中,她表现优异,获得了一等奖和"最佳辩手"的称号,并代表学院参加了学校的辩论比赛。

作为一名同济经管人,佘媛婕热衷于参加商赛,将理论知识运用于实践中。大学前两年,佘媛婕参加过大大小小八次商赛,获得过"高顿杯"商业案例分析大赛第五名、华为财务精英挑战赛第二名、哥伦比亚大学模拟企业家商赛第四名等奖项。商赛通常以培养参赛者的商业思维及创新创业能力为主要目的,需要参赛者在限制时间内完成高质量的商业分析或创新策划等报告和演讲答辩等流程,"我是在商赛的摸爬滚打中成长起来的",她笑称。

在商赛中,她的逻辑分析能力、自学能力、表达能力和团队协作能力都得到了很大的提高。除了在课堂里学到的知识,商赛往往涉及书本以外的知识和经验,于是,请教老师、在网上自学软件和模型、联系有关企业和企业家了解信息、绞尽脑汁地思考分析,都成为了她参加一场商赛的常态。她脚踏实地,坚持不断尝试、迭代逻辑、优化思维,努力为解决社会现实问题做好准备。

大一暑假,佘媛婕参与了国家自然基金项目"集体土地收益蛋糕如何公平切分",前往云南省大理市进行了为期七天的实地调研。该项目获得了 2017 年"知行杯"上海市大学生社会实践项目大赛一等奖。

在与云南省国土资源厅、大理市政府、镇政府领导面对面访谈和对大理市农户人家的深入走访过程中,她感悟到了"把论文写在祖国大地上"的深刻内涵。

"要让自己的所学所得在社会中创造价值。"佘媛婕对社会调研有浓厚的兴趣,

她积极参与各类创新项目,从大一至今,佘媛婕已与队友成功结题了一个国家大学生创新创业实践项目和一个 SEM-SITP 项目,对社会问题提出了自己的思考与见解。

在实践中进步,在努力中收获。步入大四,佘媛婕已经在老师的指导下,完成了两项会计信息系统的专利申请,积累了在 BCG、TTI Success Insights、兴业证券和歌斐资产的实习经历,也已自学通过了 CFA(特许金融分析师)一级考试。在决定留校保研的过程中,她的职业规划路径也越来越清晰。佘媛婕说,在未来,她也将向着全面发展、终身学习、学高为师、身正为范的目标不断努力。

体育精神,胜利只留给不断突破自我的人

2017 年,同济大学定向队申请到了第一次参加国家级定向锦标赛的机会,在女生队员紧缺的情况下,在提琴社认识佘媛婕的学姐想到了她。这是佘媛婕第一次接触定向越野运动,她从零开始,在学长学姐的帮助下,为全国赛进行了近两个月的高强度紧急备赛训练。

定向越野是一项体力和智力并重的运动,从认识越野图到学习指北针,再配合不间断的跑步训练,佘媛婕最终在 2017 年全国学生定向越野锦标赛上获得了百米定向本科丙组女子三等奖。在团队的努力下,同济大学在全国赛的等级上升到了乙组,满载而归。

2017 年　全国学生定向锦标赛合影

"团队的价值和重要性超过个人",在采访中,佘媛婕强调了团队的重要性。她说定向协会是一个大家庭,每个队员都会相互鼓励和给予彼此支持,这给了她很大的力量。

虽然学业压力逐渐加重,定向运动仍然是佘媛婕繁忙生活中的重要组成部分。在 2019 年上海市定向冠军赛中,她获得了女子精英组第三名的成绩。佘媛婕说这些都只是过程,定向运动是一辈子的事情,她会一直坚持下去,并且将体育精神传递给更多人。

"以不息为体,以日新为道",佘媛婕一直以此自勉并践行。未来是星辰大海,肩负使命与担当的同济青年从未止步。

张曜麒：用一年的时间，做一件一生难忘的事情

张曜麒

张曜麒，男，共产党员，内蒙古包头人，2013级建筑与城市规划学院风景园林专业本科生，2018级建筑与城市规划学院建筑学硕士生。本科毕业后前往四川省宜宾市李庄镇支教一年，支教期间担任同济大学第十九届研究生支教团团长。支教结束后，与校团委老师、暑期支教队成员共同创立同济大学"筑梦空间"工作室，负责四川、云南、贵州、江西各地梦想教室的筹建工作。曾荣获同济大学社会实践奖学金、暑期社会实践"先进个人"、四川省"西部计划"优秀大学生志愿者、上海市"青年五四奖章"等荣誉，同济梦想教室项目荣获立邦"为爱上色"中国农村大学生支教奖、"阿克苏诺贝尔额"中国公益支教奖、上海市"知行杯"大学生社会实践项目一等奖、同济大学优秀实践项目等奖项。

缘起李庄，为人师表

再次回想自己第一次到达李庄的场景时，张曜麒提到的第一个词是新奇。作为一个从小在北方城市长大的孩子，滔滔江水和巍巍青山都给他留下了深刻的印象。

张曜麒走上讲台，看到自己班上的学生，有的调皮，有的安静，但无一例外都对他的一举一动十分关注，这种关注让张曜麒意识到，从这一刻起，他不再是一名学生，而是一名教师，一个要为台下这些孩子们负责的人。

这样的意识也让张曜麒选择去为这些孩子做更多的事情。除了自己本职的教学工作外，为了帮助乡镇支教地的高三学生实现自己的大学梦，张曜麒和其他一起去支教的同学商量后，决定开展支教团对这些学生的公益补习计划"星火计划"——由支教老师自己设计课程，并与学校原本的任课教师一起讨论教案和课程计划，为高三年级开展"培优补差"的课程，同时晚自习时间没有课的老师都在办公室里等待学生来提问。200多个日夜，张曜麒和其他一起来支教的老师陪伴李庄的高三学子走过。高考结束后，学生们高兴地来找老师报喜："老师，那道大题你给

张曜麒老师的开学第一课

我们补习的时候讲过,思路一样,就是换了个数字。""我们都觉得这是最真实、最有用的学生反馈,比他们讲一百句感谢我们的话都有用。"

"这边的孩子最需要的是两个角色,一个就是善于陪伴和倾听的朋友,另一个是能引导规范他们行为的教师。"在这一年的时间里,除了上课和备课,张曜麒大部分的时间都和学生待在一起。"既有来问问题的学生,也有来跟老师谈心的学生,但最多的还是来找老师闲聊的。"在张曜麒的记忆中,孩子们并没有把他们这些支教老师当作距离遥远的老师,而是当作一个可以陪伴和倾听他们的朋友,一个能够解开他们的一些心结,并且给他们鼓励、帮助他们树立信心的人。

学以致用,打造梦想教室

在这一年亲历支教和融入乡村的过程中,张曜麒最深的体会是孩子们和自己在变化。乡村教育因为社会的飞速发展也在不断变化着,一方面是教育的硬件设施水平的确提升了,到了一个村庄,你会发现最好的一个建筑就是学校,所有的教室都按国家的要求标准化建设,但是教师资源仍然不足;另一方面是孩子们更加容易被网络世界所吸引,含着手机出生的这一代人,他们不愿意付出时间和精力关注课堂和自己身边的世界。还有就是,传统的暑假支教这种方式,虽然努力在填补教育资源的空白,但由于时间和空间上的限制,能做的依然有限。

作为建筑学的学生,张曜麒明白空间和环境对于人的重要影响。舒适和丰富的空间更容易让学生进入放松的状态,同时有助于学生集中注意力。所以在经历过一年的支教后,张曜麒想换个角度,不只是去简单地要求孩子们做这个不做那个,不只是只在暑假或者寒假才突然来关心他们,而是跟他们一直保持这种紧密的联系。他希望可以通过自己的设计,把孩子们所处的空间和环境变得更加舒适、更加有吸引力,尽量让他们在这个环境中,区别于端坐在教室里,变得更加自由自主,并尽可能地在这一空间中融入远程教学的功能。同时尽可能设计一些有趣的有挑战性的活动,让他们将投入智能手机的时间渐渐地转到活动中来,并在这样的过程中完成对他们自信心、自控力和其他能力素质的培养。

  为了实现这个目标,张曜麒和学校里其他几名准备去支教的实践负责人商量了一下,一起搭建了一个学生社团"筑梦空间"工作室,吸纳了学校里各个专业的学生,并且利用学校和社会上的资源,在2018年组织了四支前往四川、云南、贵州、江西四个省份进行梦想教室建设的实践队伍。

梦想教室团队的老师为学生带来素描课

  "听上去、讲起来简单的事情,实践的过程还是很辛苦的,同学们不仅要当甲方、设计师、施工单位、施工监理,还要成为设计课程功能的'产品经理'完成课程内容的'程序员'和讲授课程的'小教师'。"之前,张曜麒一直觉得乡村振兴和支教是一个宏大的词,但在这次活动之后,他是真真正正体会到了、真正参与了支教的工作。当然整个团队心血凝练出的作品,不仅从原本学校内无人问津的灰色空间转变为人气第一的梦想教室体现出来,也从当地孩子洋溢着笑容的脸庞上反映出来。当远程课堂接通同济与祖国西部,张曜麒觉得一切的努力和付出都是值得的。

  而在之后的支教阶段,乡村学生对课程的投入和热情更是超出了团队成员的想象。在前往支教之前,他们还设计了教科书外的课程体系,希望自己可以成为这些孩子的另一种"老师",让他们在教育教学的内容之外,可以建立起另一种课程体系,自由地探索、自由地表达、自由地创造,最终通往自己梦想的彼岸。

参加活动的当地留守儿童、李庄中学的学生与同济支教团老师、同济梦想教室团队的老师合影留念

重新回归校园生活的张曜麒也在实践中找到了自己研究和投入的方向。"在未来,我希望可以关注更多儿童、教育和空间相关联的东西,我始终认为优秀的建筑一定不是晦涩的,而是有趣的、被人喜爱的。"去寻找实现这个理想的方法,成为张曜麒新的目标。

<u>一年不长的时间,张曜麒体会到了"将论文写在祖国大地上"这句同济精神的真正含义。成为一个勇于实践、勇于担当、勇于奉献的人,是母校赋予每一名学生最宝贵的财富。不忘理想的初心,牢记自己的使命,脚踏实地去一步一步实现自己的梦想。</u>

张 馨:知行合一,追求卓越

张馨

张馨,女,中共党员,重庆云阳人,2017级同济大学体育教学部体育学专业硕士研究生。硕士期间曾担任同济大学体育教学部研究生会主席、同济大学研究生会办公室干事、同济大学体育教学部研究生团支部副书记等职务。曾获同济大学研究生优秀学生奖学金、同济大学研究生社会活动奖学金、中西学院"20+20"交流项目奖学金、研究生国际学术会议奖励基金等奖项,曾获同济大学优秀毕业生称号、同济大学优秀学生称号、全国青少年校园足球联赛"优秀志愿者"称号等荣誉。

思想积极,乐于奉献

身为一名学生党员,张馨从未忘记"全心全意为人民服务"的党的宗旨,积极加入各学生组织,用实际行动证明"党员心中无小事"。作为同济大学体育教学部研究生会主席,她参与组织了同济大学运动与健康知识竞赛、体育教学部迎新晚会、体育教学部学术沙龙等活动,与同学们共同打造学院的品牌活动;作为体育教学部的研究生团支部副书记,她参与组织了多次主题团日活动,给同学们的学习生活带来更多色彩;作为同济大学研究生院的干事,她组织策划了"枫林菁英会"等大型活动,为各学院的研究生会发展提供指导与帮助。

每次活动后同学们的反馈她都牢记在心。一次活动后,有学弟学妹来咨询核心期刊发表的经验,在沟通交流后,她发现很多同学都有着类似的咨询需求。考虑到同学们的研究方向不同,她和研究生会的干事商量后,邀请了不同研究方向发表过期刊论文的同学,为大家办了一场期刊论文发表的专题讲座。会上,研一的新同学提出了很多心中的困惑,也和学长学姐就研究生学术规划展开了很多讨论。看着同学们热火朝天地讨论,她觉得自己的工作是有价值的。

在活动中付出,在实践中成长。她通过合作增进与同学们的感情,互相帮助,共同成长,在校园生活中努力起到一名优秀党员的先锋模范带头作用。

在体育教学部迎新晚会担任主持

求知若渴，勤奋进取

在学习上，张馨最大的优点就是学习劲头十足，学习目标明确，认真踏实，努力上进。作为一名体育人文社会学方向的研究生，她曾参与多项国家课题的研究工作，负责课题申报、数据分析等工作。课题的内容大到体育强国建设、运动员评价体系指标构建，小到教练技术应用等，不仅提高了她的科研能力，也帮助她对体育政策、体育教育等有了更深刻的认知。在不断的学习和积累后，她成功以导师第一作者、本人第二作者的身份发表了一篇体育学 CSSCI 期刊论文，成为体育人文社会学研究方向第一个发表 C 刊文章的学生。

同时，她还参加了同济大学—西班牙马德里理工大学"运动与健康研究生国际学术论坛"、第四十九届美国决策科学学会国家年会、第五届中日体育教育学术会议等国际学术交流会议，与外国学者交流探讨中国足球的发展。研究生的学习拓宽了她的视野，她学会了从多角度去分析问题，也对社会现状有了更深的思考。立足体育，着眼足球，在"校园足球"大力推行的背景下，她致力于研究中国足球文化构建和足球运动员的培养。

在美国科学决策年会交流

知行合一,全面发展

知行合一是张馨对自己的要求,在学习之余,她积极参加校内外的实践。她用"懂体育、会管理"的体育复合型人才标准要求自己,曾担任首届中国国际进口博览会、DOTA2 国际邀请赛、上海国际马拉松比赛、CUFA 大学生足球联赛等大型赛事的志愿者,通过实践加深对体育的理解。

在进博会担任学生志愿者期间,她接触到了来自国内外的足球青训教育从业者,在将同济足球介绍给大家的同时,也深深感受到社会各界对校园足球的热情。球王贝利曾赠送一件亲笔签名的球衣给同济大学,希望同济大学能够培养出像巴西传奇球员苏格拉底那样既会踢球又有学问的优秀球员。这份祝福与期盼也借进博会的平台传递给了更多的人,更是吸引到央视记者白岩松的报道。

在首届中国国际进口博览会做志愿者

在多年的体育志愿服务过程中,她展现出大学生党员的社会担当和大学生志愿者的精神风貌,将专业知识运用于实践中,将体育与健康的理念广泛传播,展现出同济志愿者的社会责任和公益热情,曾多次获得优秀志愿者的荣誉称号。

在践行公益服务的同时,她积极参加寒假公益实践项目,她参与的同济大学2018同济继承者寒假回母校宣讲活动在母校乌海十中得到强烈反响,在莘莘学子心中种下一颗叫作"同济"的梦想的种子。

脚踏实地,仰望星空

谈及未来,张馨说"努力进步,有所追求"。知行合一的理念贯穿张馨的整个学生生涯。她将"懂体育,会管理"的理念牢记于心,不断学习专业知识,也不断通过体育锻炼、体育赛事、体育学术交流去实践、交流,获得了对体育行业更清晰的认知。

> 脚踏实地,继续努力积累专业技能、行业知识方面的经验;仰望星空,对未来充满期待,对生活保持热忱。张馨对自己的期待是:不忘初心,保持进步,追求卓越。

陈孛蓓：用心呵护成长，用爱守护健康

陈孛蓓

陈孛蓓，女，中共党员，四川邛崃人，2016级口腔医学院口腔医学专业本科生。曾担任同济大学口腔医学院学生会主席、口腔医学院团委副书记、口腔医学院本科生党支部副书记、爱牙协会副社长及团支书等职务。曾荣获国家奖学金、国家励志奖学金、同济大学优秀学生奖学金一等奖、上海市卫生健康行业优秀团员、同济大学优秀学生等奖项。所在团队及个人曾获得团中央"三下乡"暑期社会实践重点团队、暑期实践校级重点团队、青年志愿服务先进典型项目三等奖、暑期实践优秀个人、中国牙病防治基金会大学生暑期社会实践活动优秀个人等荣誉。

初识同济，情暖心间

2016年，陈孛蓓收到了同济大学的录取通知书，还未入学的她就有幸参加了同济大学"筑梦卓越"新生暑期夏令营，并收到了学校发放的路费补贴，悄无声息的帮助让她十分感动。从此，"同心同德同舟楫、济人济事济天下"的精神就深深刻在她脑海里，志愿服务的种子开始在心中萌芽。

刚入学的她加入同济大学爱牙协会，积极参与爱牙协会活动，从一个普通干事成长到副社长。在爱牙协会的两年，她成长了很多，从参与者到策划举办志愿活动的组织者，志愿"芯"在她内心破土而出。

"作为一名同济口腔医学生，我希望用我的行动帮助更多的孩子。"她义无反顾地报名支教活动，奔赴西部山区，成为一名支教志愿者，给孩子们带去知识和力量。

在支教过程中，有个小朋友犯了牙龈炎，牙齿疼痛无法吃饭，于是下山进行救治。她非常难过，难过自己作为一个口腔医学生却还没有为人解决病痛的能力，难过自己口口声声说着"同济天下"，却没有做到。她发现这30多个孩子的口腔状况都很差，龋齿、牙龈炎困扰着他们，放任其发展会带来更大的危害，甚至会影响他们的全身健康。虽然还做不到给他们治疗，但是她发挥专业优势，查阅资料，给孩子

陈孛蓓赴西部山区支教

们带来了他们的第一堂口腔保健课。这给了她启发和信心,她想要守护孩子们的健康。

"这是我第一次为孩子们上口腔的'专业课',对我很难,但对山里的孩子们很难得,必须要有人去做这件事!"

摸黑前行,点亮远方

心中有梦想,脚下有力量。担任院学生团委副书记的陈孛蓓,利用暑期社会实践的契机鼓励同学们回家乡进行口腔宣教和义诊活动,成效显著。2018年暑假共有5个团队参加暑期实践,总计服务800余人次。同时作为志愿者的一员,她不断加强自身学术理论基础,送医下乡,组织志愿者们一同开展"关爱口腔,从齿开始"项目,去到邛崃市三个乡镇小学进行调研、口腔宣讲和义诊,为实现乡村振兴贡献自己的力量。最终,她所属的暑期项目获得了暑期实践校级重点团队,也获得了青年志愿服务先进典型项目三等奖,她也获得了暑期实践优秀个人称号。

"哪有什么岁月静好,只是有人在为我们负重前行。"陈孛蓓了解到海警官兵常年生活在海上,常需出海数月守护国家海域安全,但海上条件有限,自身口腔保健知识又不足,因此她跟随另一个志愿服务团队到福建进行了为海警官兵宣传口腔

陈宇蓓参加暑期实践

知识的活动。随后,她组织同学一起参加中国牙病防治基金会大学生暑期社会实践活动,回乡调研家乡人民口腔情况,采访口腔医生了解家乡口腔健康工作,进行饮用水氟含量的调研,总计调研区县11个,最终获得了"优秀个人"的称号。虽然暑假回家时间没有超过十天,但是在暑假守护了人民子弟兵、农村留守儿童、家乡人民的健康,她收获了前所未有的幸福感和责任感。滴滴水珠汇聚成涓涓细流,她希望自己能坚守初心,坚持将守护大家健康的志愿工作做下去。

2018年,她负责了口腔医学院志愿者服务中队,在院团委的悉心指导下,学院青年志愿者网上注册率达100%。她积极完成志愿服务工作,从志愿者转变为志愿者的组织管理者,和志愿者一起努力将自闭症儿童义诊活动、依托暑期实践的志愿服务项目、导医活动等建成学院志愿服务品牌活动,累计服务上千人次。

青春芳华,志愿远航

中国共产党人的初心和使命就是为中国人民谋幸福,为中华民族谋复兴。作为一名中国共产党党员,她的初心就是守护人民的健康。2018年5月6日,她参加了党支部组织的鲁迅公园义诊活动,活动反响很好,居民们踊跃参加活动,短短两个小时,总计服务了100余人次。2019年6月6日,她参加了党委在亲和源养老院开展的守护老年口腔健康的志愿服务活动,他们为老人们带去科学的口腔保健知识和口腔行为指导,也更加深刻地了解到口腔人的责任与担当。

作为口腔医学院本科生学生党支部副书记,她积极带领党员们参加志愿活动,将组织生活与专业相结合,做到学以致用、学用结合,开展有口腔医学特色的党建工作。在学院和学校的支持下,她申报了"守初心,担使命,爱口腔,护健康"党支部"对标争先"建设优秀项目,为支部志愿者们提供了一个服务师生的平台;并且在爱牙协会的帮助下,守护同济师生的健康,两次在同济大学校园里开展"不忘初心,牢记使命"义诊活动,服务师生,坚定了党员们的理想信念。

校园义诊活动

2016—2019年,四年时间,她一直在做一件事,从被守护到守护留守儿童的健康,到守护人民子弟兵、老人、同济师生的健康。虽然她有时在口腔科普推广的过程中无力感重重,但是每当得到一点点正面的回应时,扑面而来的幸福感就如久旱逢甘霖般令她心旷神怡。在家长们经过她的讲解后说要带孩子去做窝沟封闭时,在同学留了微信号向她道谢时,在她教会老人网上挂号时……这些瞬间正是她坚持下去的理由。她坚信她的一份努力会让这个世界再多一个唇红齿白的美丽笑容。

除了与专业相关的志愿活动,她还参加了其他各类志愿活动,她想要做一颗永不生锈的螺丝钉,哪里需要,就去哪里。面临着升学的压力、工作的压力,她依然坚持守护健康的初心,担当同济口腔人的责任和使命,步履不停。

> 志愿活动不仅充实了陈宇蓓的生活,还坚定了她作为一名共产党员"为人民服务"的信念,提高了她作为口腔医学生的责任感和认同感。"不忘初心,牢记使命",她将继续发挥自己的专业特长,发光发热,服务更多的人,同时带动身边的人,守护人民的健康,为早日实现"健康中国2030"而奋斗。

陈丽媛：用奋斗成就青春梦想

陈丽媛

陈丽媛，女，中共党员，新疆维吾尔自治区乌鲁木齐人，2017级口腔临床医学专业本科生、硕士研究生。硕士期间曾担任同济大学口腔医学院研究生党支部副书记、同济大学口腔医学院研究生党支部宣传委员、同济大学口腔医学院研究生会宣传委员。曾荣获两次国家奖学金、同济大学优秀学生干部、同济大学优秀党员、同济大学社会活动奖学金、同济大学口腔医学院实验图片大赛一等奖等荣誉。负责的项目"关爱口腔健康，绽放灿烂笑容"荣获同济大学学生党支部"对标争先"建设示范项目。

爱心·奉献

刚进入大学时，陈丽媛就报名了宋庆龄故居志愿者，从那时起她开始感受到志愿者大家庭的温暖和帮助别人的愉悦，并逐渐爱上了志愿者这个身份。因为在宋庆龄故居讲解工作中表现优异，她被评为"上海宋庆龄故居优秀志愿者"，学院还收到过故居工作人员寄的感谢信。之后她担任了帮助上海贫困家庭安心过冬的爱心义捐志愿者和同济大学爱心义卖志愿者等。

"志愿服务是我们同济口腔人的另一个身份。随着对专业课的深入学习，我终于成长为一名可以独立进行口腔义诊和完成口腔问题咨询的志愿者。每一次义诊都是对我们专业知识的考验，也是对我们不断学习和进取的激励。"

研究生期间，担任党支部委员的她，每月组织一次口腔义诊及宣教活动。为了服务更多的人，她带领同学们在同济大学宿舍楼、杨浦小学、闸北公园、大宁社区党建中心、同济大学附属口腔医院等地开展口腔义诊及宣教活动，并针对不同人群进行不同类型的科普宣教。在这项工作中，他们需要提前联系场地、制作宣传海报、撰写文案、发微信推送，还需要邀请更专业的老师做讲座，提前购置口腔检查所需的口镜、镊子等工具，有时候还需要联系牙膏等赞助。一场活动平均4小时，前期准备至少要一整天的时间。因室内场地有限，他们经常举办室外义诊，需要克服冬天的寒冷、夏天的骄阳。12月的室外义诊经常使他们手都冻僵了,但他们的活动从未因此而停止。

虽然工作十分繁琐,但是这项活动越办规模越大,在义诊中他们还加入了正确刷牙方法的教学、口腔知识小游戏互动等环节,得到了社会各界的广泛好评。

结合互联网发展的新媒体,她还带领同学们创办爱牙公众号,在公众号上回答大家提出的口腔问题,并定期科普爱牙知识。

"可能我们的活动并不能改变看病难的现状,但我们的努力会帮助很多人开始重视口腔健康,也会让很多人在疾病早期得到及时治疗。我非常感谢我们同济口腔志愿者团队,这是一支成熟的志愿者队伍。大家团结一致、薪火相传,使我们的志愿者工作更专业、高效。"

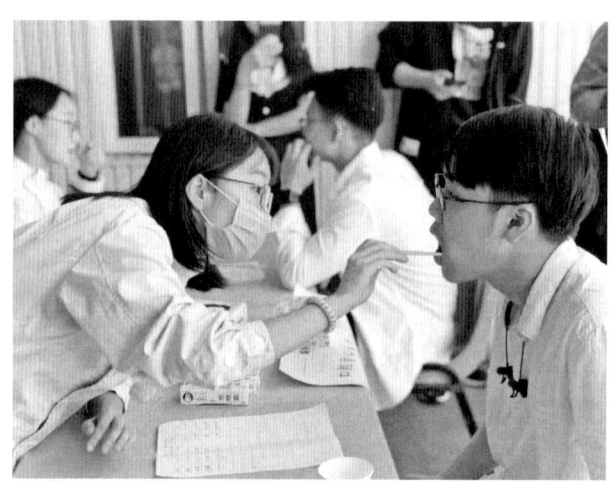

同济大学四平路校区宿舍楼义诊

同济大学附属口腔医院是上海市为数不多的三级口腔专科医院,早上排队挂号的患者人群如织,自助挂号机处需志愿者帮助患者导医导诊。她主动请缨,利用学习的闲暇担任导医台和自助挂号机处长期志愿者,教大家如何使用自助挂号机,为广大患者提供方便。"导医工作很累,经常会遇到很急躁情绪很不好的病人,在这种情况下能及时化解矛盾、安抚病人情绪是很重要的工作,这也使我得到了很大的锻炼。"

志愿者就像她为自己贴上的标签,2017国际正畸大会暨第十六次全国口腔正畸学术会议招募志愿者时,她积极报名。"志愿者工作总能带来意想不到的收获,这次志愿者工作也让我更加坚定了坚持志愿服务的决心。"

担任正畸年会志愿者

科研·创新

  科研与临床结合才能让专业不断前进。除了临床实习,陈丽媛花了大量时间在实验室钻研课题。研二时,她以第一作者身份在牙周三大杂志之一的 JOP 上发表 SCI 收录论文一篇,并积极撰写和修改另两篇准备发表的论文。她积极参与撰写国家自然科学基金及上海市科委项目,是多个科研项目的主要参与成员。

  "实验安排比较多的时候我经常做实验到晚上十一二点,和小伙伴一起赶最后一班 937 从医院回宿舍,我们在公交车上还在探讨一天实验中的问题,第二天 6 点半就又要从宿舍出发去医院。为实验奔波的日子忙碌而充实,我感受了探索的艰涩,也感受到了实验室老师同学们给予的温暖。"

  她多次参加国际和国家级口腔学术会议,其中两次壁报被录用。她积极参加同济大学口腔医学院研究生论坛、博思论坛,并以口头汇报形式展示优秀科研成果。

  "科研的探索让我心无旁骛深入其中,我很享受这种感觉。参加各种年会论坛让我认识到科研的前沿新知,展示自己的科研成果让我得到很多意见和建议。科研的交流让我不断进步。"

博思论坛口头汇报

学院艺术节表演古筝

实践·提升

　　陈丽媛兴趣爱好广泛,这能够帮助她保持充沛的精力。她每年参加同济大学附属口腔医院年会及艺术节,表演古筝及合唱。同时积极参加体育节活动,在每年体育节的游泳比赛和长绳比赛中,都取得了不俗的成绩。党员知识竞赛、"青年大学习"主题演讲比赛等,都有她积极参与的身影。她的业余生活也十分丰富,常常去游泳、打乒乓球,这让她保持了阳光和自信的心志,也因此交到了很多朋友。

"不忘初心,怀揣爱心"——陈丽媛用她的志愿精神和实际行动感染着身边的每一名小伙伴。

> 对科研的执着和对实践的热爱是陈丽媛不断提升自我、帮助他人的内在动力。只争朝夕,不负韶华。她塑造了口腔医学院一个青年学生的优秀典范。

胡小浓：在美好的年华里展现自我

胡小浓

胡小浓，女，中共预备党员，江西省丰城市人，2016级土木工程学院土木工程专业本科生。曾获得两次国家奖学金、一次天祥奖学金；获得2016—2017及2017—2018学年度同济大学优秀学生以及2018—2019年度优秀学生标兵等荣誉。曾任同济大学春雨支教社团社长、同济大学绿色之路协会组长。曾荣获同济大学2018年暑期社会实践"先进个人"称号。

因为"迷茫"，所以奋力前进。

"当你不知道该朝哪走的时候，就尽全力做好自己当下的本分。"刚进入大学的她，还是一个才从无穷无尽的考试与复习中走出来的高中毕业生，算不上一个真正的大学生。面对大学里多样的选择，她不知自己该朝哪个方向走才算不辜负这四年的大学生活，于是她只能认真而笨拙地学习着，尽力做好一个学生的本职工作。

"认真学习有些累，但是很令人满足。"大学里的课程设置不同于中学时期，思维方式的转变需要时间，而纷繁多样的公选课程与艰涩难懂的专业课程对于土木工程学院的同学们来说并不算轻松。她在知识的海洋里一点点地探索着，尽管需要耗费大量的时间与精力，但每一次收获知识的喜悦与看到结果的放松对她而言都是不可多得的满足。

在学习的道路上，偶尔的创新是一件很激发人想象力与创造力并且锻炼能力的事情。刚刚进入大一的胡小浓与室友们一起完成了一份充满想象的大作业，虽然过程很艰辛，但是和室友们一起创造、思考和制作的过程是令人愉快的，第一次"teamwork"让她感受到了团队的力量。

大三下学期，胡小浓得到了一个短期交流的机会。在2019年的暑期，她跟随团队前往意大利进行短期的交流。在那里，她踏足了四个城市——罗马、佛罗伦萨、博洛尼亚、威尼斯，她看到了许多风格各异的历史建筑，体验了不同的区域文化。

大作业实体模型图

她和团队里的伙伴们结合自己专业,调研了许多有关历史建筑保护方面的问题。在那里,她感受到,自己的专业不仅仅是工程,也可以是艺术,是鲜活的生命。

因为热忱,所以行动

"不能只安逸地生活在象牙塔里,还要主动走出校园,去得到校园之外的收获。"最初,胡小浓只是因为向往而去参加了同济春雨支教社团。加入社团后,她渐渐地了解了支教所需要的能力、准备和条件,更重要的是作为大学生支教队员所担任的角色。

2017年暑期,她跟随社团支教队伍前往江西上饶的一个小乡村,在那里开展了一场为期三周的暑期支教活动。那是她难以忘怀的一段时间。他们每天上午上课,下午就去各个同学的家里家访调研,以一个老师的角色来关心村里那些留守儿童们的生活。"因为身处异乡,所以当时我们并没有交通工具,基本生活也大多是靠自己保障,找村民借三轮车去镇上买物资,然后自己做饭,下午顶着大太阳步行外出家访,晚上接着整理白天的家访资料。"尽管生活上有些不便利,但他们依旧认真完成了这次支教活动,因为每次看到自己精心准备的课程可以得到孩子们积极的响应,这是最令他们开心的事情。让孩子们从思想上认识一个更广阔的世界,这是他们想要做到的。

同济大学春雨支教队

支教时摆星星的孩子

2018年暑期，胡小浓再次前往乡村，开展支教活动。不同的是，这一次，她是以领队的身份前去的。"换了一个身份，你身上的责任就完全不同了。"这一次，她不再担任老师，而主要负责除教学之外的前期准备与其他活动的组织开展工作。和去年一样，队员们需要在上课之余家访，但这一年的课程是在上下午均有安排，于是他们只能利用放学后的时间进行家访。"记得有一次，我们去一个学生家里家访，他家里在山里，我们跟着他走了大概1个小时的山路才到。家访完回去天都黑了，刚到学校门口就下大雨。"从一个带队者的视角来讲，她很感谢她的队员们，他们很认真负责，每一堂课都仔细备课，孩子们也都把他们当成是朋友一样的存在。

她也多次思考过，短期支教是否真的有效？后来，她的一位前辈告诉她，其实他们作为外来者唯一能做的就是让孩子们从思想上认识到这个世界很丰富多彩，以及他们是有无限可能的。她觉得，志愿者们洒下希望和梦想的种子，只要有一粒种子发芽，就是他们的幸运。

与此同时，在支教过程中，她也多次感受到自己不过是个普通人，遇到许多无能为力的事情也只能叹息。她在家访的过程中看到了许多个家庭的无奈，感受到了乡村中留守儿童所存在的问题，但也无法做出对与错的评价。所幸，她和她的队员们可以当传播者，问题总是要有人提出才能被解决。青年人本身的力量可能还不够强大，但依旧可以利用自己的力量为他人寻求问题的解决办法。

思考与行动，学习与实践，胡小浓在课堂中沉淀，于乡野间施展。"我们希望以自己微薄的力量来为国家的建设助力，让祖国变得更好更强。"胡小浓希望，在有限的青春时光里，她能让自己变得更加优秀和强大，这样就能更好地实现自我，同时用自己的力量去帮助他人、贡献社会。

洪欣鹏：人生是自我实现的预言

洪欣鹏

洪欣鹏，男，入党积极分子，江西南昌人，2017级软件学院软件工程专业本科生。曾担任软件学院学生会主席、同济大学仲英社宣传部负责人、同济大学学生会委员与学生代表大会代表等职务。曾获评同济大学本科优秀学生奖学金、社会活动奖学金、唐仲英德育奖学金等多项奖学金及同济大学年度优秀学生干部标兵、同济大学年度杰出青年志愿者等多项荣誉称号。曾获得全国高校大数据应用创新大赛总决赛一等奖、全国高校绿色计算大赛总决赛二等奖、中国大学生计算机设计大赛总决赛三等奖等三十余个比赛奖项。

"既要纵向深入，也要横向拓展"

洪欣鹏在将课程成绩保持在年级中上水平的同时，喜欢发起或参与一些创新创业项目，并在各类各级别比赛中都取得了较好的名次。除了先后在大陆集团等企业做暑期实习，他还积极参与校内外实验室的科研工作，曾先后在斯坦福大学与卡耐基梅隆大学的实验室参与机器学习子领域的研究项目，部分研究成果已经进入论文投递阶段。"基于课内所学的知识技能，在课外项目落地的过程中得以应用，为社会或人类的生活带去便捷；抑或是在某个专业领域进行哪怕很小的学术创新，我认为都是很有意义的事情。"

在转专业进入软件学院之前，洪欣鹏在中德工程学院学习了一年德语。"我当时本以为这门二外在转专业之后便无用了，没想到在之后的经历里，德语总是意想不到地发挥作用。再比如曾经读过的某本书中的内容，未曾想会因为其他契机而再次回溯进你的思考。"类似的经历让洪欣鹏信服于乔布斯的一个理念：你无法在展望未来的时候串联点滴，你只能在回顾过去的时候将其升华，所以你要相信，这些点滴片段会在未来以某种方式串联起来。"所以我感兴趣的事情我就会去做。"他如是说。

洪欣鹏也和许多其他大学生一样爱好广泛。小学的时候学习钢琴与吉他，中学时两度获得"校园十大歌手"称号,还在校园课本剧大赛上大放异彩。本科期间他对街舞与说唱产生兴趣,舞台经验较为丰富。"我觉得个人成长吧,既要纵向深入,也要横向拓展,这二者是相辅相成的。"

"公益是一辈子的事情"

"父母在我很小的时候便希望我能够全面发展,长大后成为一个综合素质高、对社会和国家能有贡献的人,他们对于德育尤为重视。"洪欣鹏如是说道。"在学会做事之前要先学会做人。"这句话一直在脑海中伴随着他成长至今,因为他从小到大都在潜意识里把公益事业奉为无比神圣的事情,所以参与其中让他觉得很自豪。

洪欣鹏投身过的大大小小的志愿活动都给他带去了历久弥新的体验和感触。在中国图灵大会与谷歌女性开发者大会等国际会议上担任志愿者期间,他得以与企业大牛和图灵奖得主进行交流;在参与红十字会急救培训期间,他掌握了许多急救基础知识与实用技能,从此懂得如何及时应对与处置未来可能遇到的一些突发事件;在尼泊尔支教期间,那里的学校教学条件相对落后,设施不全,有些班级的教室连窗户都没有,靠墙上的三角形凿孔采光,他和其他志愿者提前准备了两周的教案,每天晚上绞尽脑汁备课,思考如何给孩子们留下更多的中国印象。"我们的居住条件也不是很好,嗓子还总是闹意见,但是大家齐心协力为孩子们服务着便不觉得苦与累了,看着孩子们天真烂漫的笑脸,我们打心底觉得一切都是值得的。"他笑

代表同济大学参加第十次唐仲英德育奖学金交流会

着说。

作为同济仲英社的一员,洪欣鹏也一直将毕生不忘探索回馈社会之道的唐仲英先生作为榜样。唐仲英先生说过,知识、健康和社会责任心是推动社会进步的三大要旨,他深表认同,誓将毕生践行之。"公益是我一辈子的事情,我会继续坚持下去并不断寻求做出更大的贡献。"

"领导力是一门艺术,我才刚入门"

作为软件学院第十八届学生会委员暨学生会主席,洪欣鹏一直把这个组织视为家一般的地方,他平时负责统筹学生会、策划和承办各类各级别活动,在学院一年一度的迎新晚会上还不忘上台参与多个节目的表演。在刚加入这个美好的大家庭时,他是学术部的一员,曾参与软件学院科技节、新生辩论赛、"笑傲济海"知识竞赛、学长学姐交流会等学院特色活动的举办,也负责过推送文稿的撰写。

作为同济大学仲英社宣传部负责人,洪欣鹏平时参与宣传文案撰写、宣传物设计及部门管理与建设。在第十次唐仲英德育奖学金交流会暨首次仲英青年学者交流会上,他作为同济大学代表团的一员,和其他院校的协会成员展开友好交流。在宝祥新苑社区调研和微更新计划中,他与其他团队成员顶着烈日走访社区家家户户进行实地调研,最终该项目也取得了不错的成果,在首届"知行杯—青春社区"上海高校共青团"往社区走"社会实践项目大赛中被评选为30佳孵化项目。

对于学校开展的各类社会实践活动,洪欣鹏也积极参与。2017—2019年,他连续三年参加"同济继承者回母校宣讲活动",作为优秀团队队长还曾受邀在出征仪式上为全校代表进行经验分享。2018—2019年,他连续两年参加同济大学大学生暑期社会实践活动,项目皆被评为校级重点项目。作为学院学生骨干理论学习班组长与入党积极分子学习小组组长,洪欣鹏希望自己能在思想上引领同学,行动上团结同学,发挥更多积极作用。"我很感激自己的每一段经历,大多都能丰富我的视野,抑或是锻炼我的组织策划等能力。"

洪欣鹏身边的许多人都曾对他的领导力表达过认可。领导力对于他来说,意味着责任与担当,也会带给他一定的压力。2019年12月,他在世界经济论坛全球杰出青年社群的终面上分享了自己参与组织的项目,也顺利成为储备期成员。"我一直觉得领导力是一门艺术,我才刚入门。未来还有很长的路要走,我挺期待的。"

洪欣鹏一直致力于站在更高的平台上发挥更大的影响力,同时通过分享等方式帮助更多人,这也是他将毕生追求的理想。他说:"有句话说得好,道力之限,要

在同济大学第四十届学生委员会中期会议上发言

靠愿力突破。我觉得作为当代大学生,一要上下求索,不矜不伐;二要爱己所爱,敢想敢拼。"当然,洪欣鹏认为这一切的基础都是健康,对生活易定,对幸福易感,同样很重要。

"我奉为圭臬的人生信条就是'人生是自我实现的预言'。所以大胆预言,祝愿每个人与每段独一无二的人生都能自我实现。"

徐 江：做一些微小的事，
　　　 发一点微弱的光

徐江

徐江，男，中共预备党员，山西太原人，2016级人文学院汉语言文学专业本科生。曾担任同济大学人文学院学生会主席、同济大学学生会副主席等职务。曾荣获国家奖学金、同济大学"优秀院学生会主席"、同济大学"优秀学生干部"、同济大学本科生社会活动奖学金、"同行计划"暑期挂职锻炼活动"先进个人"、首届青年马克思主义者培养工程"殷夫班"优秀学员等荣誉。

"同学们的需要，其实就是工作的动力"

"可以感到被需要，自己也感到很有价值。"刚刚进入大学，徐江对大学生活充满了好奇，各式各样的社团和学生组织都对新生伸出了橄榄枝。出于热情和好奇，他进入了院学生会开始做学生工作，只不过没想到他一头扎进去，整个本科四年就在做这一件事。

"一开始我只是想，学生工作嘛，大家需要什么，我们就想办法做出来什么，这很简单。"后来他发现学生工作好像不是这么简单，举办的活动众口难调，总会有同学抱怨其中不合心意的地方；学生反馈的问题和学校、学院研究解决的时间一长，也会听到同学们发出质疑的声音。学生工作需要足够的耐心和善意去沟通同学和老师，解释清楚事情的来龙去脉。

"最难忘的一次活动是我2018年主办的一次毕业季活动，我发现真正得到同学们喜爱的活动是切身为同学们考虑的活动。"徐江提出希望解决毕业季学生闲置物品的处理问题后，人文学院团委张小凡老师帮助学生会联系到同济大学驻广西百色小龙村的挂职村支书。学生会在宿舍楼申请设置自助捐献箱，最终合计捐献衣物、书籍、文具和生活用品等530公斤左右。第一年自助捐献箱投放得并不多，同学们的反响却格外热情。"原来真正触及学生实际问题的工作，才是会得到大家认可的工作。"

小龙村挂职村支书实地拍摄的照片

毕业季同学们捐献的物资

当问到学生工作是否会有更多收获的问题时,徐江给出了肯定的回答。他说:"我一直觉得从事学生工作的同学朋友会多些,比如我参加'同行计划'暑期挂职锻炼担任学生负责人时,没有人会和我一样拥有每一个人的联系方式。"

学生工作是很细碎的事情,并不是多么高大上,像之前网上流行的大学生官僚主义的现象到现在他也没有经历过。反倒是工作越多,责任越大,操心越多。去参加"同行计划",订车、订票、出行计划、任务分配、解决学生问题、联系高新区工作人员和老师,这些零零碎碎的东西只有负责人最不敢忘记。所以说,能够做一些微小的事情,和大家一起和谐地度过一个月的异地实习时光,对他来说已经足够有成就感了。

"同行计划"部分同学橘子洲头合照

"有收获也就有付出,时间和精力肯定是要交出去一大部分。我认识的很多同学为了给大家呈现一场完美的晚会,晚会前后几乎都没有睡眠时间,但很多时候大多数同学不清楚幕后工作者付出了多少。"

学生工作辛苦吗?真的很辛苦。但是去问一些实际参与工作的同学,他们都会很骄傲地分享他们的工作经历,因为付出都有回报,这不仅仅是指老生常谈的"锻炼自己",而且在整个工作过程中,每一个工作者都能深切地参与到学生、学校、教师之中,共同建构起"同济大学"丰富多彩的意义所指。因为大家的共同努力,大学生活才成为人生难忘的生命历程。

校园十大歌手大赛合影

"年轻最重要的事情是不后悔"

谈到本科期间最重要的收获如果用一个词来定义是什么,徐江说是不后悔。与学生工作的一些成绩对应,他大一大二的学业成绩并不突出,但是他并不后悔。"人在作出选择的时候,终将承担选择的责任。如果常常告诉自己'如果当时……',或许一时宽慰了自己,但是人生,真的没有如果。"

徐江见过很多同学在学业和学生工作的双重包围下常常深感压力,他也有过这样的经历。唯一值得分享的经验,也许只是老土的"不忘初心",永远记得当初那个作出选择的自己,永远不要自己否定自己的选择,永远不要后悔。

"我从来没有忘记,我只是一个平凡的人,我永远只在做一些微小的事情,它让别人快乐,也让我快乐。"人不会因为工作而高贵,现实往往相反,工作常常因为人而高贵。

徐浩文:知行合一,情系乡村

徐浩文

徐浩文,女,共产党员,江苏人,2015级建筑与城市规划学院建筑与城市规划专业本科生。曾担任建院本科生第四党支部副书记,曾获全国"挑战杯"课外学术科技作品竞赛一等奖、"知行杯"上海市大学生社会实践项目大赛一等奖、同济大学"卓越杯"特等奖、创新创业论坛一等奖等二十多项国家级、省级、校级的奖项。多次受邀在长三角生态绿色一体化发展实践年会等团市委、校团委组织的宣讲会上分享项目经验,服务同济大学大学生科创教育和实践活动,获同济大学"追求卓越"奖学金提名奖、优秀学生干部标兵、优秀共产党员、暑期实践"先进个人"等荣誉。

追逐梦想,筑梦乡村

2017年暑假,因为班主任手头有一个乡村研究的项目,徐浩文申请加入了调研团队,第一次尝试着去深入了解乡村。乡野清新的风、田间地头的蛙鸣、村民热情的笑容都让她对这个未知的地方充满了美好的想象,"我也想要为这样美好的地方做些什么"。

从那时起,每年的寒暑假,徐浩文都会利用假期的时间,在多地乡村深入开展调研。她的足迹遍布3种产业类型、8个乡镇的30余个代表性村庄,通过政府座谈、企业走访、村庄踏勘、入户调研等形式,借助无人机等设备,她用脚步丈量村庄,走近最了解、最热爱这里的人们。

迁思回虑,献言乡村

徐浩文用自己的行动助力实践地的转型发展,又通过总结传播它们的转型经验以期服务于更多的乡村。她针对不同的产业类型,总结村庄现状发展模式:针对山下湖和横河"三产融合、引进人才、新媒体探索"的发展模式和现存问题,建立"校地合作智慧库",链接农业园区与同济大学乡村振兴团队,为生态农业提供最前沿的技术指导,助力高效农业进一步发展;针对感德和溪龙"以退为进、技术提升、多方携手"的发展模式,在当地开设公益知识讲堂,传授生态茶叶的小知识,呼吁村民开展"退茶还林"行动计划,帮助政府推行政策;在发展相对成熟的安吉和德清,通过组织民宿设计等形式,鼓励设计进村,发挥学科优势,助力特色小镇的进一步建设。徐浩文基于乡村调研的实践项目"探寻'绿水青山,美丽中国'的源头智慧——环境规制下浙江、福建两省乡村转型实践研究"在2018年"知行杯"上海市大学生社会实践项目大赛中获得一等奖,她也因此被评为同济大学暑期实践"先进个人"。

"笃行实践,服务乡村"

2018年4月,徐浩文和几个志同道合的小伙伴在黄岩,也就是"布袋教授"杨贵庆八年实践的地方,正式成立了乡村振兴研习社。杨教授挽起裤脚,拿着竹竿,如数家珍地为同学们介绍着村里焕然一新的活动室和广场。杨教授说:"我所做的一切,寄托着对理想乡村的梦想,不是我帮村民,是村民在帮我圆梦。"

2018年4月　杨贵庆教授介绍黄岩乡村改造

"在建院,在我们的身边,不乏这样为乡村振兴事业四处奔走的老师。"徐浩文在随吴志强院士在德清的东衡村、五四村考察,为当地的村庄建设出谋划策时,恰逢"利奇马"过境,吴院士在台风天顾不上打伞,顾不上裤脚和鞋子上的泥渍,奔走在第一线,指导村干部进行村庄节点设计。

"老师们的身体力行深深地感染了我,让我意识到当代大学生应该为乡村振兴

2019年8月 吴志强院士在德清五四村指导乡村振兴工作

战略贡献出自己的力量。我也开始思考,作为青年学子,到底可以为乡村做什么?"为走进真实的乡土中国,为乡村振兴提供数据支撑,乡村振兴研习社成立至今先后有23支实践团队分赴浙江、福建、云南、四川等地18个县市100余个乡村进行田野调查。

相较于城市,乡村一如"数据荒漠",因此调研每次至少持续一周以上。"每次调研都是在寒暑假,基本上在最热或最冷的时候,所以大家基本上不是满头大汗就是在瑟瑟发抖。"徐浩文和研习社的小伙伴们从"泥土中"挖出第一手数据,鲜活的案例和资料、几百份熬夜录入数据库的问卷构成了至关重要的乡村基础资料汇编。之后她的团队逐步建立起了类型丰富、模式多样的案例库,为进一步的比较研究、典例研究、类型研究打下了基础。

在这个过程中,她和小伙伴们也欣喜地发现,越来越多的村庄开始修缮、改造村内废弃的房屋、社区中心、老年活动室等,更多的年轻人愿意回到乡村创业,"这也给了我们很大的鼓舞"!

她将乡村实践与学术研究相结合,以"挑战杯"为契机,继续探索如何以产业振兴带动乡村发展,探索从无到有、从有到优再到高质量发展的乡村振兴之路,安吉溪龙乡、温岭泽国镇、诸暨山下湖等地政府部门纷纷致信感谢,她的团队也与重庆、江苏的多个村庄达成合作。

徐浩文和队员们抓住各种机会咨询经济学专业的相关老师,从学科交叉的视角找到突破性的解决办法。经历531天备赛、17次答辩、8轮生死选拔、40多次文本修改、10余次推翻重来,他们在宾馆一遍遍模拟答辩到深夜两三点,一遍遍修改讲稿和PPT,最终在全国"挑战杯"竞赛中获得了一等奖,在全国大学生的舞台上展示了同济学子乡村振兴的成果,实现了同济在"挑战杯"经济赛道新的突破,同时他们也深刻体会到了不同专业之间的互通互融。

2019年11月 "挑战杯"团队北航颁奖现场合影

2019年9月,在新中国成立70周年之际,徐浩文代表乡村振兴研习社登上新闻联播,讲述同济学子参与乡村振兴的实践成果和心路历程,作为莘莘学子的一员深情告白祖国。

快速工业化和城市化过程中乡村衰退已成为全球趋势,发达国家的农村也都面临着人口流失、老龄化等问题,乡村振兴战略的实施在逆转乡村衰败难题上起到了至关重要的作用,也为积极应对世界乡村问题提供了具有中国特色的回答。

"我很庆幸自己可以参与并见证祖国的乡村振兴事业,自己小小的梦想可以在国家乡村振兴的语境中不断成长,彼此护航。"

2019年9月　接受新闻联播采访

<u>作为95后乡村振兴的践行者,徐浩文树立起了与时代主题同心同向的理想信念和"党让我们去哪里,我们背上行囊就去哪里"的家国情怀、奉献精神。在党的十九大乡村振兴战略的指引下,她将加倍努力,坚守乡土情怀,看见乡愁,奉献乡村,发挥专业特长,为祖国的乡村发展和中华民族的伟大复兴贡献自己的力量。</u>

黄卓仪：技术与创意共舞，创业与公益交融

黄卓仪

黄卓仪，女，中共预备党员，江西南昌人，2016级电子与信息工程学院信息安全专业本科生。曾担任同济大学嘉定创业谷项目部部长、同济仲英公益促进协会初创成员及项目部副部长、班级团支书等职位。曾获得同济大学优秀学生、同济大学优秀学生标兵，以及同济大学年度十佳青年志愿者等荣誉称号；曾连续三年获得国家奖学金，唐仲英基金会德育奖学金等多项奖项；其参与的应用项目曾获得全国高校大数据应用创新大赛初赛华东赛区冠军暨全国总决赛一等奖、全国大学生计算机设计大赛AI挑战赛三等奖、全国大学生信息安全竞赛决赛优胜奖、博世中国物联网大赛总决赛季军、上海大学生创客大赛亚军等。

生于医生世家，埋下济人济世之种

"志愿能让我感到自己存在的意义。促进公益，让这个世界因为有人在做公益的事情而变得有一点点不一样。"

生于医生世家的黄卓仪从小便在耳濡目染之下更能理解他人的苦疾，积极为他们提供力所能及的帮助，也慢慢培养了一颗热心公益的心。早在高中她便注册为中国志愿者，之后便将定期参与志愿活动作为自己坚持的一件小事之一。她不仅活跃于学术会议，担任WTM谷歌女性开发者大会以及ACMTRUC中国图灵大会的志愿者；更关注与民生息息相关的校园和社区，担任同济大学"小红帽"迎新志愿者、参与上海宝山动迁社区的环境微更新项目。

她还曾在大一暑假参与VSN（Volunteer Society Nepal）NGO组织飞赴尼泊尔为当地孩子们教授英文中文课程的志愿活动，传播中国的友好文化，同时用自己的经历和描绘为当地孩子们打开一扇看世界的窗户。炎炎夏日，深厚的感情在两种肤色、两类文化中萌芽。她在公益中持续的贡献为她赢得了唐仲英德育奖学金和同济大学年度十佳青年志愿者等荣誉奖项。

相比于使用传统医学于病魔下拯救病人的父母一辈，步入本科高年级的她在

作为志愿者与图灵奖获得者 Leslie Valiant 合影

感受到专业知识的魅力后,更希望能够通过现代的科学技术,为社会带来更多高效的实际帮助与福音。

在尼泊尔加德满都福利学校与支教学生合影

万众创新,痴迷于 Maker 与 Creator

"产品的优秀与否很大程度上取决于它提供的服务能为社会解决何种亟待解决的问题。"

从参加上海大学生创客大赛中马拉松式地制作专为白领们设计的智能保温餐盒,到为校友与不同年级的大学生之间的知识经验共享平台开发小程序应用,再到自主设计开发基于面部识别的校园外中转柜,她始终能敏感地发现校园与社会的真实需求,并为解决之而迸发灵感。

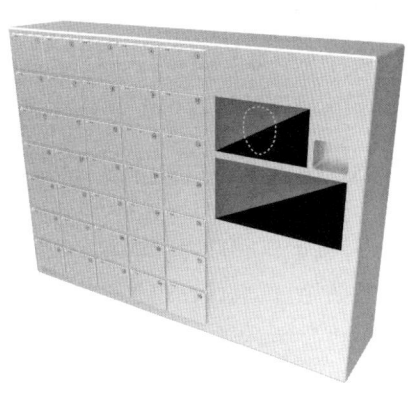

创新项目的硬件设计示意图

由互联网红利派生而出的新兴外卖行业,不仅在学生、医患、白领之间蓬勃流行,更涉及饮食健康、派送员的交通安全以及公共资源的占用等隐形问题。目前低效的"最后一公里"终端配送始终是有待提升的环节。黄卓仪和她的团队基于校园外卖交接效率低下的实际痛点,开展基于面部识别技术的校园外卖中转柜实体设计和个性化用餐交易平台的研发;同时通过研究智能外卖中转柜的相关市场现状和前景,结合自身团队优势,探讨如何使得产品提供更好的服务,产生更大的价值。

对于未来的打算,她说:"汽车、交通领域是人工智能相关技术落地的绝佳场景之一,希望自己能进一步在自动驾驶、智能出行领域做更多的研究。"

走向世界,在代码与算法中实现初心

"算法与数学工整的美丽时常让我感到倾慕和向往。"

出于对算法与代码的热爱,黄卓仪由曾经偏硬件的电气信息专业转至计算机科学信息安全专业。在新的学习旅程中,她不仅在新学期补上了转专业的课程并连续获得了三年国家奖学金,还依旧利用课余时间积极参与各项学术竞赛,享受与队友共同专注完成任务并使用代码逐一攻破难题、不断挑战自己的快乐。

她活跃于实验室,参与前沿的科学研究,曾师从王成教授参与自然语言处理领域中的隐式篇章关系预测研究,曾参与刘庆文教授组织的 Winglab 关于共振激光通信系统的安全性与移动性研究并著两篇国家发明专利，曾前往南开大学高级医疗数据研究实验室及斯坦福大学信息系统实验室担任研究助理参与相关研究，并完成公派瑞士洛桑联邦理工学院（EPFL）一学期的交流任务。黄卓仪始终不忘自己使用技术服务社会的初心，在机器学习算法、IoT物联网、医疗大数据等研究领域徜徉并汲取知识，充实自己的知识与技术库。

创业到公益，于项目中奉献青春热情

"铺平校园到科技园最后一里路，促进大学生与社会的公益连接。"加入同济创业谷两年，黄卓仪在这里接触到了无数充满梦想与激情的创业者们，她自己的创业思维也萌生、成长于此。在这里大家能与最有想法的一群人朝着一个未知的未来充满干劲地冲锋，时时刻刻碰撞着最有创意的想法，交换着关于社会痛点与风口的信息。作为创业谷的学生，黄卓仪的主要工作是服务于校友创业项目，为他们提供政策、资金、导师等关键性的引导帮助，并通过举办天使投资推介会等投资活动、创业比赛来吸引社会投资。

在同济嘉定创业谷入谷仪式上作为项目对接部部长发言

"创业与公益看起来似乎离大学生有一定距离，但却是他们最容易接触到并参与贡献、有所收获的活动。"黄卓仪于2018年获得了唐仲英基金会所颁发的仲英德育奖学金，并作为初创成员参与成立了同济大学仲英公益促进协会，以吸引同济大学更多热心公益的志愿者参与，共同开展一系列公益慈善活动。协会的理念是"公益设计+",强调的是用专业知识来服务公益事业、为公益赋能的概念。联合全校各个学院的同学,协会的专业知识库将覆盖同济最强的设计、城轨、环境等社会工程科学。"得诸社会,还诸社会。"黄卓仪主导组织了上海宝山新苑社区微更新公益项目,并参与开展实地调研、着手设计和落实微更新方案。该项目于2019年5月获得"知行杯"上海市大学生社会实践项目大赛30佳孵化项目称号。

> *只有热爱生活才能热爱为生活而工作。Work hard, play hard。在文化冲突的过程中接受更多元的文化与背景,在运动中感受自己的青春力量,在自然的巍峨中接受自己的渺小与平凡。*

龚帅宇:做青年学生的引领者,当初心使命的践行者

龚帅宇

龚帅宇,男,中共预备党员,浙江台州人,2017级交通运输工程学院交通运输专业本科生。曾担任校团委组织部副部长、嘉定校区团工委学生副部长,曾荣获国家励志奖学金、同济大学优秀学生一等奖学金、同济大学社会活动奖学金等,曾获上海市"互联网+"大学生创新创业大赛银奖,发表SCI(一区)论文一篇。获评同济大学优秀学生干部标兵、同济大学优秀学生等称号。所在团队曾获"知行杯"上海市大学生社会实践项目大赛一等奖。

"我觉得学生干部的价值,首先在于引领同学"

引领者,这是龚帅宇心里对学生干部这个角色的定位,也是他一直以来对自己为人处世的要求。"学生干部,是学生,是干部。既然是干部,就要带头做好榜样,就要力所能及地带领周围同学。"

大二来到嘉定校区之后,他开始负责嘉定校区团工委的志愿者和社会实践工作。"大二整个学年,我都在尽力把上一任部长交代的活动办好。"到嘉定校区的第二个年头,龚帅宇接过了上一任部长手里的接力棒。

接过棒子后开展的第一个活动是一个已经举办了五年的老项目——"阳光嘉园"。当时这个关爱智力障碍人士的志愿服务项目办得很好,但是每学期参与的同学只有固定的大概十来个。

"这是一个很好的平台,我就想,怎样能让更多的同学参与进来,发挥活动本身的平台价值。"一次和党员学姐的偶然谈话,让他意识到鼓励党员同学的参与是一个合适的选择。之后在老师的帮助下,帅宇花了两个星期的时间联系到来自各个学院的5个学生党支部,动员30余名党员同学走进社区活动中心参与"阳光嘉园"公益服务项目。

第一阶段活动开展结束后,不少学生党支部书记来联系他,希望支部党员可以

社区活动中心,龚帅宇发动党员一同参与"阳光嘉园"公益服务

一道参与。"刚开始也没想到这个活动这么受青睐,这时候才意识到公益活动对于青年同学的不凡意义。这样的活动,是真真正正值得我们学生干部去办的。做好引领者,这也正是我们学生干部存在的价值吧。"

"服务同学,服务社会"

同嘉快递、旧衣物回收、垃圾分类宣传周、爱心助学……在龚帅宇的心里,他策划过的每一场志愿服务活动都在心中留下了一个独特而难以磨灭的烙印。"相信很多人和我一样,在帮助到别人的时候会感受到一种强烈的幸福感。"

贵州赤水,龚帅宇与同伴在乡村道路间开展交通安全调研

2019年暑假,龚帅宇作为主要成员参与"同路济承贵州情"暑期社会实践项目,与十位同学一道走进贵州赤水革命老区,在赤水七中开展支教活动,同时行走在赤水百余里的崎岖山路间,完成了道路交通安全调研,形成了长达百余页的调研报告,并与当地政府的相关部门开展座谈会,让调研成果落到实处、发挥价值。

"我们拥有美好的青春年华。当青春在西部土地上绽放光芒时,我想这就是我们人生中的高光时刻。"

赤水七中,龚帅宇与同伴为当地同学开设趣味物理课堂

2019年暑期 随实践团队赴四渡赤水纪念馆开展红色学习

"让相同的人相遇,让强大的能量汇聚"

有几个待在办公室熬夜的晚上,龚帅宇也思考过学生工作对于自己的意义。曾经不止一次,当正在思考的策划案突然断了思路,手头的作业又尚未动笔时,他开始怀疑自己的选择:学生工作对于自己而言到底代表着什么?

"周围很多同学和我一样,对于学生工作的热爱让我们聚在一起,互相鼓励。"这一群学生有过自我怀疑,却都在日复一日的时光里用这份对学生工作的热爱,打破内心的桎梏,最终克服困难坚持了下来,也在学习上取得了不错的成绩。"当你做着自己热爱的事情时,不论其大小,你都会把这件事当作一份事业,那么辛苦也是快乐的。这就是克服一切困难的力量源泉。"

学生工作让龚帅宇结识了一群同样积极上进的朋友,他说他要特别感谢那些一起在办公室熬夜的伙伴,"在办公室,我体会到了家的感觉"。

龚帅宇说,所有热心志愿的伙伴都是兄弟,他也要给这群兄弟一个家的感觉。2019年12月5日是国际志愿者日,在他的牵头下,同济大学嘉定校区九个志愿者中队的同学们齐聚一堂,通过多种方式分别展示了多年来一直在坚持与开展的志愿服务项目。活动现场许多同学驻足并参与活动。这无疑是一次成功的尝试。

同济大学嘉定校区,龚帅宇牵头组织校区首次志愿实践项目推广活动

"与其说这是一次展示,不如说这是一次交流,是一次志同道合者的相聚。从学校到学院,这一群为志愿服务努力付出的同学一直很低调,甚至很少有人知道他

们的存在。"活动结束之后,有个同学在感想里写道:"现在我发现,在志愿服务的路上一直有人与我们同行。"龚帅宇说:"看到这句话的时候我鼻子猛地一酸:我们这一群人为了相同的信仰而努力,在此以前却甚至不知道彼此的存在。""希望借由这样的活动,能提高所有投身志愿服务的同学们的认同感,让大家更坚定、更有信心地动员广大同学参与志愿,服务社会。"

当谈到学生工作带来什么的时候,他说最大的收获大概是成长。"大一刚入学的时候,我还不会写策划,不会运营公众号,很多事情都不会。"现在的他,除了技能上的进步,也在思维方式上有了不少变化。做事多了些大局观、整体观念,也更加重视人际关系对学生工作的影响,这是他对自己的总结。

龚帅宇代表实践团队参加上海市大学生社会实践总结会

不同的人，借由不同的经历而成长。或许那段经历让人欣喜若狂，又或许波澜不惊，而他们选择了成为一名学生干部，所以或许他们就这么平淡而坚实地成长了。

　　"做学生工作越久，我就越热爱它，心里的那个声音也就越发响亮：我们那一路追随着初心的成长历程，大概会是这一生最宝贵的财富。"

龚帅宇组织同学们欢迎同济大学第二届进博会志愿者光荣回"嘉"

　　"做青年学生的引领者，当初心使命的践行者"是龚帅宇为自己定下的目标，也是他长久以来努力的方向。不忘初心，砥砺前行。在前进的道路上，他的步履一直铿锵。

蒋 越：深入城市探索边界，用设计思维开拓创新

蒋越

蒋越，男，中共党员，四川成都人，2018级上海国际设计创新学院产品服务体系设计专业硕士研究生。曾担任班长等职务并作为联合创始人创办上海听介科技有限公司（听见工作室）。曾荣获同济大学优秀学生干部、同济大学社会活动奖学金、同济大学上海国际设计创新学院硕士研究生奖学金（实践创新奖）等荣誉。所在团队曾获2018谷歌表盘开发黑客马拉松（WearOS Hackathon）冠军、第十一届国际用户体验创新大赛（UXDA）全国二等奖等奖项。

"从小到大，就没少捣鼓创新创业的事儿"

"从小就被认为是得了多动症、要送到医院去打镇静剂的孩子，多亏母亲的深明大义，才让我的折腾劲儿能在更大的平台上发挥。"蒋越回忆道。

蒋越初中时迷上了魔方速拧和专业转笔——两者都是那个时代中学教师最讨厌的课堂坏习惯。不过，不管挨了多少训诫，他还是坚持下来了，一个拧进了WCA（世界魔方协会）的四川锦标赛，一个转上了当地的电视节目。

高中开始，他便和三五个同学一起，创办了"DIY社团"、成立了"魔方事业部"，想要将自己的热爱转化为大众参与、团队协作、实实在在、可持续的事业。人一生在不同的阶段会有很多属于自己的热爱。蒋越认为，"敢于创新创业"是将自己的热爱转化为大众参与、团队协作、实实在在、可持续的事业的有效方法，能够激活和释放每一位相关利益者的能动力，也是发挥党员干部先锋模范作用的良好实践。

"在亚洲第一设计学院里,感到了家的温暖和创造的热情"

三年前一个瞬间,蒋越决定凭着他的热爱再折腾一把,最终顺利进入了同济大学设计创意学院。

本科毕业于天津大学造船专业的他,是这所亚洲第一设计学院服务设计方向本届唯一一名非设计背景的学生。由于自身基本设计能力及设计素养的欠缺,自入学以来,他一直感受到非常大的压力。

"我在基本设计能力方面是很欠缺的。导师刘胧教授给了我很多照顾,也尽可能将我放在合适的位置栽培,尤其在创新创业方面给了我很大的鼓励和支持。"谈到入学以来面临的压力时,蒋越如是说。承蒙父母、学长姐、老师们的关爱,也很幸运身处人因工程实验室、2018级国创研究生班这样温暖的大家庭,他才能够一路坚持下去。

蒋越和同学们

身为一名共产党员,蒋越一直视"为集体服务"为己任。这样的集体也促使这份己任成为了他心中的热忱。蒋越担任了2018级上海国际设计创新学院研究生班班长,兼任院级校级学生代表,他希望在学习、生活、工作等各方面,尽其所能为集体创造价值。

作为班长,依托于研究生会,在辅导员及班主任的指导下,蒋越曾与兄弟班级联合开展圣诞寻礼、生日会、摄影团建、出国践行会等多项系列品牌活动,在班委和全班同学的帮助下,共同将班级建设成为"校五好示范班集体""五四红旗团支部";此外,在老师的指导下,蒋越还曾帮助学院筹办新生破冰派对(150＋人次)、Don Norman学术沙龙(100＋人次)等多项重要活动,在师生中反响良好。

蒋越组织的各类学生活动

"为人生的意义和世界的未来而学习和创造"——这句设计学院院训,也正应了蒋越的那句"感到了家的温暖和创造的热情"。在这里,老师学生们做的设计是有温度的;在这里,任何创造未来的实践都会被尊重。

"于实践中感悟真知,于团队中创造价值"

在这样温暖而面向未来的集体中,蒋越也愈发明晰了自己的方向,借助学院学校的绝佳平台,继续敢于创新创业,继续尝试将自己的热爱转化为大众参与、团队协作、实实在在、可持续的事业,激活和释放每一名相关利益者的能动力,也继续尝试在更广的维度中,发挥党员干部的带头作用。

2018年9月,蒋越作为初创团队成员,在北京维度创新工坊(VDO Space)开展工作。团队共23人,主要对"远程协作创新、设计转化落地"进行了探索,有两项设计作品落地转化,三次获国家级设计奖项。

而后,蒋越作为联合创始人,在上海听介科技有限公司(听见工作室)开展工作。团队共20人,在同济创业谷孵化。听见工作室致力于挖掘城市与人的情感链接,以城市深度人文摄影为基础,以社区共创项目为依托,搭建了"城市新声"个人摄影师公益众筹平台。该项目第一期开幕式由东方卫视、乐视视频等媒体报道。

"城市新声"个人摄影师公益众筹平台

"于实践中感悟真知,于团队中创造价值。"蒋越总结说,"通过集体实践,我更是感受到了前所未有的温暖和无与伦比的力量。"

"用服务设计思维管理创新团队"

在同济大学第五届班长论坛中,借着建立"五好示范班集体"的机会,蒋越向大家传达了班级全体成员一同逐渐探索出的理论和模式——"用服务设计思维管理班级"。

"结合我自己这些年来的一些创新创业经历,我更希望讲的是,用服务设计思维来管理创新团队。"蒋越补充道。服务设计不是一门传统的设计学科,它是一门结合了管理学、心理学、商学等学科的新兴设计学科。从某种意义上来说,它鼓励设计师成为设计引导者,站在用户的立场上、体系化地思考相关利益者,引导用户完成自己的设计,以激发和释放用户的自身价值。若是将原本针对项目的服务设计思维转而运用在创新团队的管理中,便会有另一番收获。

回顾蒋越的点滴经历,不难发现,从中学阶段的DIY社团、魔方事业部,到本科阶段的海洋协会,再到硕士阶段的国创班级、维度创新工坊、听介科技,蒋越始终敢于"创新创业",始终强调"集体温暖",始终坚持"站在集体视角,激活和释放每一位相关利益者的能动力",始终尝试"将自己的热爱转化为大众参与、团队协作、实实在在、可持续的事业",始终督促自己"发挥党员干部的带头作用"。

<u>立足专业,深入城市,探索边界,心系集体,思量用户,学会通过集体去放大个体力量,履行好一名党员干部的职责,带动群众撸起袖子创造美好生活——蒋越一直在路上,为人生的意义和世界的未来而学习和创造。</u>

魏靖轩：脚踏实地，奉献祖国

魏靖轩

魏靖轩，男，中共预备党员，辽宁鞍山人，2016级经济与管理学院市场营销专业本科生，2019级经济与管理学院企业管理系硕士研究生。本科期间曾经参加同济大学第二届青年马克思主义培养工程——殷夫班，同时担任班级团支书、体育教学部团学联的秘书处部长职务，曾获得同济大学一等奖学金、二等奖学金，获同济大学优秀学生、同济大学优秀学生干部、上海市运动会团体比赛第四名等荣誉，参加同济大学创新项目并做出突出贡献。曾作为交换学生前往韩国梨花女子大学（Ewha Unvi.）进行为期半年的交换学习生活。

坚定信念，怀揣梦想启航

2016年，魏靖轩带着憧憬踏入了同济校园，这里的一点一滴都给他留下了深刻的印象。本科阶段的学习紧张又充实，他努力地探索着一条属于自己的人生道路。在老师们的建议和推荐下，他参加了同济大学青年马克思主义培养工程——殷夫班。

2019年8月，同济大学第二届青年马克思主义培养工程"殷夫班"开班了。同济大学体育教学部团委书记张雯琳老师成为魏靖轩在黑暗中前行的灯塔，为他指明前进的方向。

相识——找寻心中那一抹阳光

进入殷夫班，魏靖轩结识了同济大学各个学院的学生干部，开班仪式在庄严肃穆又不乏小风趣的氛围中进行。青年人应该有远大的理想、坚定的信念，有为建设祖国添砖加瓦、为实现社会主义现代化强国的目标努力奋斗的决心。魏靖轩坚定了信念，一定要跟随老师，与同学们一起，将第二届的学习工作开展得井

2019年3月　殷夫班成员在嘉定开展素质拓展活动

井有条、多姿多彩。

第二届殷夫班在嘉定举行了第一次素质拓展活动,在这里魏靖轩体会到了团队合作的重要性。中国正处于高速发展的阶段,不可避免的是国内外的不安定因素的影响,但中华民族的血脉应该在青年人的身上体现出来,大家应该团结一致,共同进步。一代又一代的革命者抛头颅、洒热血,换来了今天的幸福生活,所以我们更应该珍惜。2018年的世界经济论坛上,习近平总书记提出了建设人类命运共同体,中国的进步让我们站稳了世界舞台的位置,那青年一代自然是指导思想的践行者,应该抱有兼济天下的情怀,努力推动世界的进步。

相知——回顾过去,放眼未来

在殷夫班的系列学习活动中,魏靖轩参观了中共一大会址、李白烈士故居,还前往长沙革命根据地进行集中学习,在那里体会了老一辈革命者的艰苦历程和中华民族崛起的辛酸和不易。魏靖轩说:"我们是幸福的一代人,没有战争、没有饥饿、没有艰苦的条件,有的只是越来越完善的中国教育体系和安定的生活,但我们不能懈怠,要时刻保持居安思危的精神。在参观上海赛车场的时候,我们见识了中国科技的进步,从无到有,从落后到发达,这都是一代又一代的科研工作者努力的成果。登高望远,我们应该站在前人的肩膀上,科学的发展就如同潮起潮落,我们更应为中国的发展贡献自己的力量。"

作为经济管理学院的一名学生,专业让魏靖轩时刻关注着中国的经济发展。纵观几十年历史,中国的金融体系发展迅猛,各领域的监管体系也在逐步完善,但依旧存在国内外不同的金融风险,严重制约了中国经济快速发展的势头。面对各国带来的不认可和挑战,中国都以实际行动予以回击;面对机遇,中国也是快速适应和把握,在国际舞台上崭露头角。

魏靖轩专注细节,不断弥补自己的不足,同时放眼国际,拓宽眼界,提升自己的判断能力和处理问题的格局,使自己能更好地做好自己的本职工作,报效国家。

第二届殷夫班结业仪式

相爱——坚定不移,不忘初心

五个月的集中学习让魏靖轩有思考、有醒悟、有计划,更有对未来的憧憬。学习是人一生的任务,这些成为他宝贵的记忆,铭刻在心。在之后的生活中,面临身份的不断转变和更为艰巨的任务,魏靖轩将更加严格地要求自己,跟随党的脚步,努力成为建设祖国的中流砥柱,为实现中华民族伟大复兴的中国梦贡献自己的力量。

<u>"用心去感受每一个时刻,用思考去克服每一个困难,用行动实现每一个理想。""长风破浪会有时,直挂云帆济沧海。"每个有理想的青年人都应坚定信念,勇往直前,哪怕路途遥远!哪怕道路布满荆棘!</u>

学术先锋

勤以修身，学以笃志

王 芮:在向上中获得信仰,在努力中气定神闲

王芮,女,山东潍坊人,2017级海洋与地球科学学院海洋科学专业硕士研究生。曾荣获2018—2019年度国家奖学金,同济大学优秀学生标兵荣誉称号;以第一作者身份发表SCI论文一篇,以第二作者身份发表核心期刊论文一篇,并在国际学术会议做口头报告;多次在ICAMG等国际学术会议、CESS等国内学术会议承担志愿工作。

王芮

勃发:将论文写在祖国的蓝色国土上

"习近平总书记说,科技工作者要将论文写在祖国大地上,而咱们学海洋的,自然是要把茫茫蓝水当作稿纸,所以入学的时候我就暗暗下决心,一定要在这张蓝色稿纸上搞出点名堂。"

2017年王芮以总分421分的成绩考取了同济大学海洋与地球科学学院的研究生。虽然考试成绩不错,但是这并不代表她本科时期就是一名"学霸",相反,王芮称本科时期的她成绩并不是很突出。

"优秀的环境塑造人,同济浓郁的求知氛围激发了我内心的斗志,我想看看,我到底能在硕士生涯做到什么程度,最直接的方式比如发表SCI论文、拿国奖就成了我的目标。"

不过想要拿国奖、零基础发表英文SCI论文,并不是一件容易的事,就像一颗草种,要冲破万钧的泥土,总需要亿倍的努力。

"刚入学的时候几乎每天都是早8晚9,三点一线——宿舍、办公室、食堂。可能别人刚来到上海读书会想该去哪里逛一逛,而我那时候满脑子想的都是我应该写关于什么方向的论文。"她如是说。相对于其他人一入学时的轻松懵懂,王芮在学年刚开始便已经投入紧张的科研学习工作了。

"一开始真的很茫然,从工科生变成理科生,专业也变得不同,太多东西需要自己快速吸收。唯一能做的就是多跟导师交流,他真的给我提供了很多帮助。"学术生涯的开始,比想象的更困难,然而导师的谆谆教导像天边的北极星,让王芮找到了前进的方向。

"虽然有时候会有点累,但是每次取得一点进展的时候都特别有成就感。这种成就感是其他任何事情无法比拟的。"

添绿:服务群众与社会实践

"我们是年轻人,年轻人应当去拥抱青春,拥抱世界,拥抱一切美好的东西。我们接受美好然后产生美好,让世界因为我们的存在而更加美好,这是我存在的意义。"

同许多同学一样,王芮的科研生活也并不是一帆风顺的。文献涉及的基础知识、数据、实验、研究方法等,每出现一个问题都可能是一个潜在的"定时炸弹"。在枯燥忙碌的科研生活里,王芮学会了调节自己,劳逸结合。

"同济的校园特别美,累的时候,在校园逛逛,心里就感觉特别平和。"王芮说。谁说学生的生活中只能有学习呢?关注自然,关爱动物,心存对美好的向往,这也是身为学生的必修课。

研一的时候,除了科研和上课,王芮还担任了学院办公室的助管,这让她忙碌的生活变得更加忙碌。

"我不觉得忙,反而很享受这种状态。我希望每天都能充实地过,而且我在这个过程中学到了很多东西,比如我一开始是个 AI 小白,但现在已经可以熟练使用这个软件了。"

对于自己的学霸人设,王芮表示否定。她认为自己虽然投入了很多时间在科研学习,但仍保持着自己的兴趣爱好,比如打羽毛球、看 NBA。

"我曾经利用暑假的时间在虎扑实习,我不满足于做信息的被动接收者,我想做信息的传达者。所以我选择在距离 NBA 最近的地方实习。这是我的兴趣,所以实习的每一天我都很振奋。"

科研、实习、活动三者在有些人眼里不能兼顾,王芮也为此苦恼过,觉得时间不够用。不过对于她来说,这些都是好玩的事,因为热情,于有限中创无限。

"我写的新闻,几乎每天都是阅读量最高的。现在我还经常会翻译一些最新的消息。兴趣是第一驱动力,也是创造产能的良药。"王芮略带骄傲地说。

王芮又谈到自己参与志愿者活动和参加国际会议的几次经历。为什么要参与志愿者活动？为什么要参加国际会议？如何才能从中汲取更多营养？她说："参与志愿者活动主要是为了锻炼与人沟通的能力,而参加国际会议则是借助另一个平台分享自己的成果,同样也是了解别人的思路。"

王芮的志愿者证书

"相对于一个人的力量,一群人能做成的事情更多。"在谈到自己参加青少年高校科学营活动体会时,她一直在强调团队协作的重要性。作为管理组成员之一的她,除了每天白天要带领营员们奔走于嘉定和四平校区参加各种活动,晚上还要与其他管理组的成员共同商量第二天的计划及活动安排。没有一个善于沟通的、和谐的团队,就不可能有活动的成功举办。在烈日炎炎的沪上夏日,管理组每个人都为科学营的成功举办付出了辛勤的汗水。

对于参加学术会议,王芮说这对提升自己的视野、增长自己的见识有极大帮助。"能将自己的成果展示给同僚,有一种自己细心栽种的种子瓜熟蒂落的感觉。听听别人的意见,不管赞扬还是批评,都会获益匪浅。"

如茵：奋斗的青春最美丽

虽然在 2018 年 8 月,王芮的英文论文便已投稿,但是从投稿到见刊,整个过程持续了整整一年。从投稿、拒稿到再投稿、再拒稿,整个过程循环了 4 次之多。

2018年7月　青少年科学营破冰活动

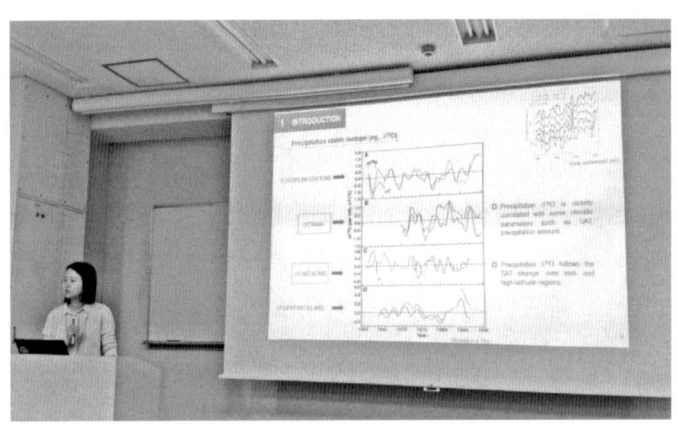

2019年9月　在东京大学做口头报告

"我和我的导师一直坚定地觉得,我们的想法是可行的、可靠的。虽然一开始数次被拒稿,有时候也会有些灰心,但是如果我不坚持完成下去,我离我的目标就更远了些。"积极、尝试、投入,然后保持仔细和耐心,脚踏实地,终将柳暗花明。

研究生三年级的王芮面临着毕业的关口,谈及未来,她说:"要知道自己能做什么,少一些比较,少一些抱怨。"

在未来，王芮希望自己能继续保持初心，积极向上，充实自己。希望未来也能去很多地方，也能学到很多知识，也能持续进步。

> 习近平总书记指出："青年是整个社会力量中最积极、最有生气的力量，国家的希望在青年，民族的未来在青年。"在王芮身上，我们看到了一名海院学子、一名新时代青年大学生的奋斗力量。

王晓东：脚踏实地，循序渐进，于学术之路上下求索

王晓东

王晓东，男，中共党员，山东潍坊人，2017级经济与管理学院管理科学与工程专业硕士研究生。曾任研究生党支部委员职务2年。曾发表SCI索引论文JCR一区1篇、二区2篇，EI、CSSCI索引论文2篇，参加3次国际会议并做海报和口头报告。曾获得硕士研究生国家奖学金2次以及第十三届同济大学"学术先锋"、同济大学"优秀学生""优秀学生标兵"等称号。

钻研学术：格物致知，谦虚奋进

"如果要用一句话概括自己三年来的学术经历，我想这应该是一段脚踏实地、循序渐进的，从0到1的旅程。"

缘分起于2016年夏天的同济经管暑期学校，当时即将读大四的王晓东加入了硕士生导师王世进老师的研究团队，在好奇与懵懂中开始了自己的学术旅程。回忆起当时聆听学术大牛讲座、和小组成员一起筹备主题报告、第一次见导师的情景，他依旧印象深刻。然而，那时的他并不知道，那个夏天会成为日后自己在漫漫学术之路上求索的开端。

"做科研给我带来最大的收获感，其实不是发表论文本身，而是在思考和尝试中所经历的知识积累、心态磨砺，还有能力的循序渐进。"在第十三届同济大学"学术先锋"的答辩和颁奖舞台上，王晓东不止一次地这样描述自己做科研的心路历程。他的研究方向是管理科学下的生产调度，"简单说就像在做数模比赛，对现实世界的问题进行数学建模，然后设计有效的算法求解——这是一个非常实用又有趣的方向。"与多见的对经管研究"偏文"的刻板印象不同，王晓东更多借助定量的模型和算法来刻画并解决生产运作中的实际问题；但相应地，这个方向对刚开始接触科研的他来说充满挑战。

同济大学学生科创盛典暨"学术先锋"颁奖典礼

"刚入师门时基本什么都不懂,也感觉无从下手。当时自己还是以暑期学校综合考核第一名的成绩获得推免资格,老师也有期望,压力还蛮大。"所谓万事开头难,王晓东在入门时也饱尝辛苦。"研一的日常状态是,白天上课、做作业、准备小组展示,晚上打起精神看论文、学工具、摸索研究方法。"好在功夫不负有心人,在导师的引导下,研一下学期阅读的一百多篇相关方向的论文让王晓东在生产调度方向上逐渐有了一些理解,并在课题和实际项目中边做边学。

"我一共经历了三个项目。第一个项目是停机位调度的实际问题,基本是老师给定题目,自己尝试从零开始摸索学习。第二个项目是一个洗发水企业的生产调度问题,强调在实际应用中循序渐进积累研究方法,学习别人做研究的范式。第三个项目是考虑能耗的生产调度,我逐渐可以独当一面,学习发现新问题,力求有更大创新。"这三个项目贯穿了王晓东的硕士阶段,相关工作内容共计发表了 SCI 索引论文 JCR 一区 1 篇、二区 2 篇、EI、CSSCI 索引论文 2 篇,他也成为学院近三届唯一一个连续两年获得研究生国家奖学金的硕士生。

"其实每个人都是从入门阶段过来的,我觉得积累和耐心这两点让我受益。"当被问到有哪些做科研的经验可以和学弟学妹们分享时,王晓东如是说。"如果现在是学术小白,没关系,先脚踏实地看论文、打基础;如果目前手头上的工作进展不顺利,那说明正在走上坡路,慢慢来,循序渐进;如果已经入门,那么我们应当共勉,保持谦虚且自信的态度继续前行。"

研一第二学期积累的论文阅读量

同行致远：带动他人，共同进步

"我喜欢和周围同学讨论，并试着帮助他们解决科研上的种种问题。好多时候经验与方法分享出来不仅能让对方有所启发，我自己也会有新的思考和收获。"

说到自己曾给班里一多半同学提供过科研方面的帮助，王晓东觉得这样做非常有意义，调侃道这可能是在两年的优秀学生投票中自己都是班里最高票的原因。"经常有同班的，同方向的，有时还有其他专业、其他年级的同学找我讨论问题。有些是细节上的方法实现，有些是宽泛的选题方面的摇摆纠结，还有些则拜托我帮忙阅读和润色文章初稿。"王晓东认为自己在帮助其他同学的过程中收获很大："费了好大劲儿给对方讲明白一个东西以后发现，自己之前也没有完全弄懂，好在现在懂了。"

"我只是力所能及地做一点事情。独行者疾，但同行者远嘛！能够和更多人一起进步是一件非常棒的事情,独乐乐不如众乐乐。"

服务同学:融入集体,奉献力量

"为班级和支部做些事情能让我们所在的集体向好发展,对我来说也是学习之余很好的调剂。"

"研究生支部工作有时会比较辛苦,支部书记和支委相互配合很重要。"王晓东担任研究生党支部支委两年多,先后协助了 3 任支书开展工作。

主持开展研究生党支部活动

在班级工作方面,王晓东经常被住在四平路校区的班长调侃为"驻嘉定联络人"。他研一频繁去四平路校区见导师,顺便帮同学们带各种材料;研二在嘉定代班长收发就业推荐表和三方等重要文件。"班长和同学们觉得我做事靠谱,也有耐心和意愿处理琐碎的工作。同学们的信任也让我很感动。"王晓东为集体做事的尽心尽力也被同学们看在眼里,同学们连续两年以班级最高票推选王晓东为同济大学"优秀学生",以此表达了对他的认可。

志存高远:眺望世界,学成报国

"在科研方面,国际化的视野和对本方向国际前沿课题的深入了解是我比较欠缺的。""好的科研工作或学术贡献一定是要被国内、国际同行认可的。"王晓东谈及自己通过参加国际会议与国外老师、学者交流的经历时这样说道。由于本科、硕士期间均没有在国际化的环境中学习和锤炼的经验,他决定申请国外的高校攻读博士学位,并凭借成绩和科研成果拿到了俄亥俄州立大学、北卡州立大学的录取通知,以及克莱姆森大学的全奖offer。"出国读书可以提升国际视野,学习国际先进的研究方向;最终目的是完成学业后回到祖国,用自己的知识与技能为社会做贡献。"

参加 IESM 2019 会议做口头报告

"路漫漫其修远兮,吾将上下而求索。"王晓东将继续不忘初心,砥砺前行,在自己的学术科研之路上不断探索,谱写更为动人的青春乐章。

王超平:修能而践行,厚积而薄发

王超平

王超平,女,中共党员,浙江绍兴人,2018级中德学院企业管理专业本科生。2019年所撰论文《德国零售超市巨头奥乐齐在华战略浅析》被《现代商业》杂志收录。曾获2018—2019学年国家奖学金、校优秀学生标兵,2017—2018学年宝钢教育奖学金,2014—2016两学年同济大学一等奖学金;获2019年全国创新创业大赛三等奖、2016—2017学年校内SITP一等奖、2015—2016学年团委暑期实践一等奖、外研社"讲好中国故事"微视频优胜奖;获2018年同济大学优秀本科毕业生称号、优秀学生称号,2018年上海市精神文明建设委员会办公室及共青团上海市委员会颁发的"学雷锋 志青春"优秀志愿者称号,2014—2015学年同济大学优秀志愿者称号等。

2014年进入大学后,王超平立志成为一名"通外语、晓文史、懂科技、具有国际视野和创新精神、应用能力强却仍旧保有人文情怀的专业人才"。本科阶段连续四年获得学业奖学金的她,课余时间致力于参与志愿服务,累计服务时间超过720小时;会三国语言(德英日)的她,活跃在对外交流的舞台上,尽力向外界讲好中国故事,成为中外交流的桥梁。

"纷吾既有此内美兮,又重之以修能。"王超平始终以"卓越人才"要求自己、以"国际视野"锻炼能力、以"家国情怀"践行理想。她始终要求自己修能而践行,厚积而薄发;要求自己做推动中国梦走向世界的践行者。

凡是过往,皆为序章

王超平有着厚厚的一沓奖学金证书:2014—2016学年连续两个学年专业成绩排名前列,获得本科生一等奖学金、同济女子学院一等奖学金;2016—2017学年以年级排名第一的成绩获得宝钢教育奖学金,并赴上海宝钢基地参观学习;2017—2018学年获得同济大学优秀毕业生称号,四年总成绩为4.78(总分5)。无论是

2018年3月5日　作为阿里巴巴社会公益部志愿者代表发表"人人3小时公益"倡议

2016年策划组织"布瓜爱心学校——义务辅导闵行区江川路留守儿童暑期班"大学生暑期实践活动、2016年参加外研社"讲好中国故事"微视频拍摄比赛，还是2017年以"中德两国志愿者服务体系浅析——以上海和巴符州为例"为题组织参与同济大学大学生创新实践训练计划（Students Innovation Training Program），王超平都倾情投入这每一次实践的机会，不断从中寻求人生的价值，并且都获得了优异的成绩。

弘扬中国文化，讲好中国故事

作为德语专业的学生，王超平一直把社会当作自己最大的舞台。德国是中国"一带一路"倡议的重要途经国，如何在支持国家方针的同时促进自身的发展呢？带着这样的思考，她在2016—2017年拿到了海外交流奖学金，赴德国弗莱堡大学进行了为期半年的深造学习，选修了"1978年以后的中国社会、政治和经济""德国新能源发展现状"等课程。在国际视野中她感受到中国青年在全球治理上的使命，也看到了区域间巨大的差异，深刻体会到了詹天佑所言"各出所学，各尽所知，使国家富强不受外侮，足以自立于地球之上"之意。在德国留学时常有外国同学以中国国情问题向她发难，每每此时她均以谦和的姿态和熟稔的知识向提问的同学解答，并且积极地回应那些不恰当的中国观，尽自己所能弘扬中国文化、讲好中国故事。随着长期实践观察和专业素养的沉淀,她将眼光投向更加长远的全球问题治理和未来发展,愿与各国学者共同建设人类命运共同体,为祖国更好地发展作出贡献。

2018年11月　与德国语伴在餐厅的合影

她曾不止一次激励自己:"红日初升,其道大光;河出伏流,一泻汪洋。"正是抱着这样的理想,硕士研究生阶段王超平保研进入中德学院企业管理专业就读,深入钻研中德两国之间的经济问题。2018年年底起,她参与编辑公众号,致力于向海内外华人传播最前沿的中德新闻,获得近6万粉丝,公众号推送覆盖德国将近三分之一华人群体。她把目光聚焦在德国住房危机、德国环境处理、中美贸易战和德美中三国政治等问题,并追随热点现场聆听了德国经济部长彼特·阿尔特迈尔(Peter Altmaier)的讲座、走访德国零售业巨头奥乐齐(Aldi)在国内的首家分店等,凌晨写稿发布推送是她的常态。2019年夏,王超平总结了走访资料,广泛阅读了文献,最终以《德国零售超市巨头奥乐齐在华战略浅析》为题在国家级期刊上发表文章。

由于保持不断学习、不停进步的精神状态,以及以"卓越人才"的要求激励自己,王超平拥有了丰富的经历和机会站在国内外的舞台上。中国崛起的号角已经吹响,民族复兴的高歌荡气回肠。美哉我少年中国,与天不老;壮哉我中国少年,与国无疆。

不忘初心,方得始终

从高中课堂走入社会舞台,王超平第一次通过志愿者活动了解到了复杂的社会关系;从爱心助残项目到国际日耳曼语言大会志愿者,她将理论应用到了实践中;从世界交通峰会到华为全联接大会,她在工作中拓宽视野;从德国汉语桥志愿者到上海浦江论坛,她为陌生的同伴介绍中国、介绍上海……从高中毕业起,王超平热衷于参与志愿者项目。在参与过程中,她对这个世界有了更多观察的视角,培养了全球观,肩上更是担当起了社会的责任;同时她也向世界展现了当代中国青年的责任、担当与理想,她作为同济大学的学生,同时也作为一名中国人,在各个国际舞台上做出了积极努力与贡献。

2014年夏,王超平高中毕业,随即加入了上海市志愿者团队,先后参与了闵行区莘庄镇"温顾知'莘'"展览志愿讲解员、莘庄南站献血车随车志愿者、人民广场地铁安全志愿者等项目,仅在暑期志愿时间便累计达到100小时。入秋,王超平进入象牙塔学习,但仍旧在周末参与爱心助残项目:在整个学年的周日义务为一名初中生补习功课。从家里到学生住处通勤时间达到一个多小时,即便如此王超平也风雨无阻地义务补习。2015年,王超平发现了互联网的复杂性,以及不少商家在阿里平台贩卖稀有动植物。她随即倚靠绿色之路社团,联系到阿里巴巴互联网安全部门,组建了一支打击互联网违法贩卖珍稀动植物的团队——成为上海唯一一支阿里巴巴支持的高校团队。2018年3月5日,在毛泽东"向雷锋同志学习"题词55周年纪念日之际,王超平作为阿里巴巴社会公益部的志愿者优秀代表,参与了由上海市精神文明建设委员会办公室、共青团上海市委员会指导,青年报社、上海地铁共同主办的纪念仪式,该活动也得到《青年报》等多家媒体的采访报道。

在硕士研究生阶段,王超平也不忘初心,继续活跃在志愿者的舞台上:2019年5月,她作为上海浦江论坛会场管理志愿者小组组长,参与管理了浦江论坛的会议现场,帮助接待了新加坡副总理兼教育部长和财政部长尚达曼(Tharman Shanmugaratnam),确保了两天的会议顺利进行。同年9月,她从5840名候选人中脱颖而出,成为华为全联接大会的志愿者,连续5天凌晨4点起床,每天工作时长13小时,累计工作65小时。她深知此次华为大会对华为意味着什么:中美贸易战的展开将这家企业推上了历史舞台,她是在见证历史,更是历史的书写者。这次志愿经历让她锻炼了跨文化沟通和协调差异的能力,也培养了全球意识和社会责任感。

2018年3月5日 "学雷锋 志青春"纪念仪式

2019年5月 担任2019年浦江创新论坛会场志愿者

问及她为什么热爱志愿者事业,她借用鲁迅的话答:"愿中国青年都摆脱冷气,只是向上走,不必听自暴自弃者流的话。能做事的做事,能发声的发声。有一分热,发一分光,就令萤火一般,也可以在黑暗里发一点光,不必等候炬火。此后如竟没有炬火:我便是唯一的光。"

2019年9月 担任华为全联接大会现场志愿者

缘起同济,志在远方

"知责任者,大丈夫之始也;行责任者,大丈夫之终也。"同济引领着王超平成长,荣誉赋予她更多的责任与使命。

2019年4月 嘉兴南湖"不忘初心、牢记使命"主题教育

王超平的父亲年轻时曾是坚守福建三都澳的一名海军,并在当兵阶段成为一

名党员,也成为她身边的一个榜样。在本科二年级时,她主动向党组织提交入党申请书,作为对自己成年最好的激励,并在研究生阶段光荣地成为了一名共产党员。在党的关怀和激励下,她的肩上更是负着一份责任和使命:她利用寒暑假带领朋友和亲人参观游览中共一大会址,学习党的历史和发展;她在德国交流期间,向德国同学科普党的思想和国家的政策。与此同时,王超平以身作则,用廉洁的作风要求自己、听党指挥、不断创先争优,将荣誉化为动力激励自己。

2019年10月 "不忘初心、牢记使命"沙家浜精神主题培训

今后的路或许更漫长、更曲折,王超平将始终把党和国家放在心中,对社会实践和志愿服务保有初心,怀揣一颗感恩而敬畏的心面对科研,在学习和生活上严格要求自己:修能践行,厚积薄发。

叶　铖：永远在前进的路上

叶铖

叶铖，男，中共预备党员，浙江丽水人，2018级外国语学院英语笔译专业硕士研究生。曾任外国语学院研究生会职业发展协会干事、班级学习委员，获得2019年同济大学外国语学院"五·四"优秀青年、2019年同济大学优秀学生标兵、2018—2019学年研究生国家奖学金等荣誉；此外，还曾多次代表学院担任包括美国南方旅游联盟2019年全球巡演一上海站、第八十一届中国国际医疗器械设计与制造技术（春季）展览会、加拿大SIAL国际食品展等在内的大型国际活动的翻译。

"要呈现100%的效果，背后就必须投入200%的努力"

如果只用一个词评价自己，叶铖会毫不犹豫地选择"自律"。他坦言，尽管在别人看来，取得优秀的成绩似乎对他来说总是轻而易举，但这背后却是为之付出的无数个日日夜夜，而这一切，都是靠他的自律精神换来的。都说罗马并非建于一日，关于叶铖自律的故事在很早以前便流传开来：本科阶段，一直热爱语言学习的他对翻译产生了浓厚的兴趣，并决心在日后深造时攻读翻译专业。然而，彼时的他对翻译了解甚少，仅仅停留在"不同语言间的转化"这一层面，真到了下笔的时候也是磕磕绊绊，译文生硬稚嫩，与一些优秀翻译作品相比不可不谓相形见绌；更何况，国内翻译硕士的准入门槛并不低，对考生的翻译功底有着非常严格的要求。当时叶铖已升入大三，来到了学习生涯一个重要的十字路口：备考翻译硕士，但学业积累与考核要求尚有明显的差距；准备就业，凭借自己在校期间的各种优异表现，面临的压力或许会小，但日后定会遗憾。思来想去，他决定做个逐梦人，为那个看似遥不可及的目标拼搏一把。他随即踏上了漫长、辛苦的备考之旅：为了全面提升听、说、读、写能力，从而让自己的翻译水平有质的飞跃，他做了一张安排表，规定自己每天要花1小时听读英语新闻、2小时精读外刊、1.5小时训练写作以及2小时练习翻译。当时他还有课业压力，换言之，这些任务他都必须安排在课余时间完成。面对已经满满当当的课表,或许换作别人,压根不会给自己定下这么严苛的计划,但叶铖说,他硬是坚持下来了,而且一坚持就是整整一年。他回忆说,那时自己经常在电脑前一坐就是大半天,心无旁骛地听听力、练翻译,为了保质保量地完成学习目标,往往要到十一二点才会"收工"。其实翻译在某种程度上就像写作,肚里有"货",下笔才有"墨",因此,掌握丰富的词汇和多变的语言思维至关重要。为了提升词汇量,叶铖会在精读外刊时记录每一个遇见的生词,而且只记英文释义和例句,从不记汉语意思,他说,这是摆脱固有的语言习惯、从而迅速养成非母语语言思维的最佳方式;此外,他还会在第二天开始阅读训练前回顾前一天记下的所有单词,要求自己能够在看到这个词的同时说出其英文解释并造句——直到今天,他依旧能够在翻译中熟练使用许多其他人往往想不到、实际上却十分地道准确的词汇,这与之前高强度的训练密不可分。

为了掌握多变的语言思维,他购入了一些由权威译者编写的翻译练习材料,决定从模仿入手,先背诵书上的参考译文,再在自己的练习中尝试使用那些技巧——这样做的成效非常显著,一本书背完,他的译文开始"有那么些样子了",任课老师也评价说"确实不一般"。此时,一个更权威的检验机会恰好到来:第二十九届韩素音青年翻译大赛开赛了。这个系列比赛被称为"翻译界的奥斯卡",历来被视作翻译的最高殿堂。或许是初生牛犊不怕虎,也或许是想看看自己到底有多少长进,叶铖不假思索报了名,并认真完成了参赛译文。几个月后喜讯传来,他首次参赛便在全球万余名参赛选手中脱颖而出,获得了优秀奖(整体获奖率仅为1.5%左右),甚至创造了当时学校的历史最佳纪录。此后,叶铖愈战愈勇,接连拿下包括北京语言大学第七届国际口笔译大赛笔译一等奖在内的十多项校级、省部级、国家级乃至国际级大奖,同时顺利通过了翻译硕士的入学考试,升入同济大学外国语学院攻读英语笔译专业,达成了自己的目标。叶铖说,他能走到今天获得这些荣誉,首先最想感谢的就是一直以来那个自律的自己。"我常常对自己说,如果想呈现100%的效果,那我的投入一定会是200%。"

"让优秀成为一种习惯"

步入硕士阶段的叶铖丝毫没有放松对自己的要求,除了继续积极参与各类翻译竞赛、加深自己的翻译功底以外,他还将目光放到了文本之外的地方:或许自己能够借着对翻译的热忱以及积攒的实践心得,开展一些学术研究,或是参与一些与语言服务相关的事情。在导师、朋友等的大力支持下,他先后对近十年《国务院政

第二十九届韩素音青年翻译奖在暨大珠海校区颁奖

中国新…　11.19 17:51　Views 5　Original web page

中国新闻网报道第二十九届韩素音青年翻译大赛颁奖典礼,照片中正在接受奖状的就是叶铖

府工作报告》的英译本、媒体视角下武装冲突地区的翻译活动以及翻译教材的编写展开研究,并在导师的指导下撰写了相关的论文,很快便发表到了以《外语研究》(CSSCI 扩展版)为代表的几种期刊上。成果斐然,可谓翻译实践和学术研究齐丰收。不过叶铖并未停下自己的脚步:在学院教授的带领下,他运用项目管理的知识,组织 20 多名同学在短短一个月的时间内将同济大学本科生院网站上的全部中文内容(共约 5 万字)翻译为英文,目前已正式上线运营,在一定程度上方便了学校对于留学生的管理工作。此外,叶铖还经常代表学院参与各类国际活动,为其提供语言服务,用他的话说,就是"在学有余力的同时为中西沟通搭好桥梁"。2019 年 6 月,叶铖参加了 CATTI(全国翻译专业资格考试)一级笔译的考试,并一次通过。CATTI 是受中华人民共和国人力资源和社会保障部委托、由中国外文出版发行事业局负责实施与管理的一项国家级职业资格考试,一级笔译为笔译考试的最高等级。官网数据显示,2019 年全年此项考试的通过率仅为 12%,叶铖能够一次"通关",足见其翻译功底之扎实。当被问及自己为何依旧如此"拼"、会不会觉得累等

问题时,他只是说:"让优秀成为一种习惯。"

走出校园,迎接叶铖的将会是一个全新的世界,他表示,自己已经做好了应对各种挑战的准备。即便未来可能会充满风风雨雨,但他坚信,只要自己保持着变得更加优秀的干劲,那就不会有什么事情能难倒他。"都拼了这么久了,还会一直拼下去。"

田智宇：德智双行，向下扎根，向光生长

田智宇，男，中共预备党员，黑龙江省大庆市人，2017级铁道与城市轨道交通研究院车辆工程（轨道交通）专业本科生。曾获同济大学优秀学生标兵称号、本科生国家奖学金、浩亭奖学金、"茅以升铁道希望之星"奖学金等荣誉，以及周培源力学竞赛三等奖、同济大学数学建模竞赛三等奖、五月科技节创新竞赛优胜奖等学科竞赛及科创类奖项。

田智宇

"科创能够以课堂之有限创应用之无限，我喜欢小火车动起来的那一刻"

"在大学，学习不再是像高中那样以应试为主，更多的是要在掌握知识的基础上提高解决问题的能力，科技创新能够以课堂之有限创应用之无限，我喜欢小火车动起来的那一刻。"在谈及大学学习的特点时田智宇如是说。在专业理论课学习中他注重双基实效，图书馆和自习室成为他夯实理论根基的主要阵地。值得一提的是，理论力学、材料力学和流体力学是车辆工程（轨道交通）专业的三大力学专业课，也是该专业本科阶段最难攻克的三门课程，而田智宇在这三门课程中都取得了优的成绩，这一切要归功于他对于专业相关竞赛试题的研究，"力学是工科学生的重要专业基础课，周培源力学竞赛赛题多为实际问题中抽象的力学模型，趣味性与挑战性并存，研究力学竞赛试题能够让我加深对课堂所学理论内容的应用，将理论学习模态化、具象化"。刻苦钻研课程理论的他大二学年的平均绩点在班级里遥遥领先。

作为对课程学习的延伸，为拓展自己理论联系实际的能力，他参加了校内外多项科创项目和学科竞赛。他多次参与同济大学SITP科创项目；参与交通科技大赛，在参赛项目"主动消振式钢轨轨下垫板的减振机理分析"中主要负责轨下垫板阻尼比和减振测试实验方案拟定、实验进行及总结报告撰写等工作；在学院组织的

"浩亭杯"科技创新大赛中参与并完成项目"基于车致轨道地面振动能量俘能器研究",负责整流电路理论及Matlab仿真等工作,获"浩亭杯"科创大赛三等奖。出于兴趣,他在假期中进行了周培源力学竞赛的准备工作,最终获得周培源力学竞赛三等奖。此外,在2019年同济大学数学建模竞赛中他还负责了算法及编程工作,获得数学建模竞赛三等奖。"科研项目经历丰富了我的大学生活,得出结果时的喜悦让我觉得所有努力都有了回报,也弥补了我学习过程中的一些短板,提升了自我。"

在复旦大学参加2019年周培源力学竞赛

"读万卷书,不如行万里路,走到远方,才能让我们仰望更高的星空"

谈及社会实践,田智宇说道:"读万卷书,不如行万里路,走到远方,才能让我们仰望更高的星空。"他曾多次参与同济大学暑期社会实践项目。2019年8月,他参与了学院组织的日本新干线暑期社会实践活动,参与调研了中日轨道交通站内设计对比暑期实践项目,在日本东京、名古屋等地实地调研日本轨道交通及站内结构设计,并与国内行业设计进行对比,完成《对比中日轨道交通站内设计提出改进的建议》暑期实践报告。经过院内专家评审和答辩,其实验报告被评为A级实践项目。

赴日本参加中日轨道交通站内设计对比暑期实践

"新时代青年要有责任与担当,为祖国贡献自己的力量"

"热心公益志愿,让我既能为社会做贡献,还能走出校园走向社会,让我的大学生活更丰富。"田智宇积极参加志愿公益服务,在志愿服务中挥洒自己的青春与热血。他曾先后担任2020年"蒸蒸日上"迎新跑、第三届全国大学生创新方法应用大赛、2019年F1赛事上海汽车文化展区等公益活动的志愿者。

"积极参加各种学生活动,丰富大学时光"

田智宇积极参加各类学生活动,他相信"走出寝室和课堂的世界远比我们想象的更广阔"。作为学院CRH创新俱乐部骨干成员,为了充分发挥学生骨干的带动作用,在2017年他曾组织同学参加铁道技术装备展览会,使同学们对专业知识有了更深的了解;还主动承担了国创、上创、SITP的答辩秘书工作,学院"溯轨济,梦芳华"迎新晚会筹备工作以及第七届"同道杯"龙舟赛的筹备工作等。

上海汽车文化节志愿者服务证书

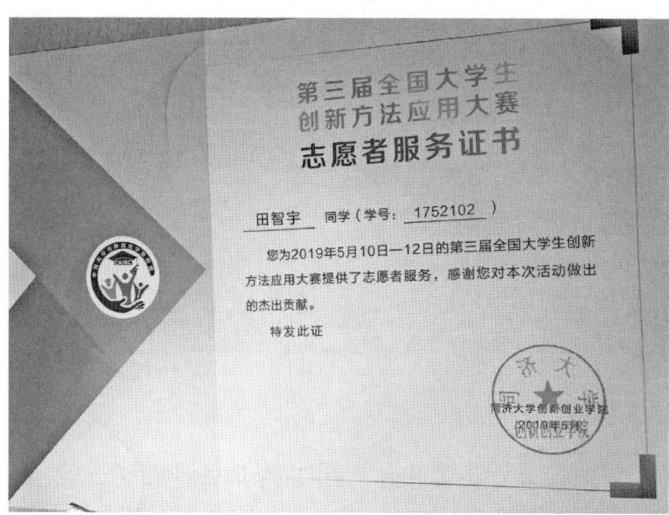

第三届全国大学生创新方法应用大赛志愿者服务证书

在 CRH 创新俱乐部组织同学参加铁道技术装备展览会

第七届"同道杯"龙舟赛

  田智宇入学后便提交了入党申请书,积极参加各种党建活动,向党组织靠拢,包括参加嘉兴南湖青年大学习、沙家浜精神主题培训、参观外冈游击队纪念馆和陈云纪念馆等主题党日活动,努力提高自身党性素养,将学到的精神用于学习生活中,提高自己的综合能力。

2019年6月　沙家浜精神主题培训

田智宇始终保持仰望星空的毅力，坚持脚踏实地的初心。他坚信唯有向下扎根，方能向光生长。未来的路还很长，他秉承"越努力，越幸运"的理念，不断夯实根基，用最美好的年华去浇灌、去生长，用当代青年最美丽的姿态迎接未来。

兰伊莎：大道至简，行稳致远

兰伊莎

兰伊莎，女，共青团员，辽宁人，2016级电子与信息工程学院计算机科学与技术专业本科生。本科期间以第一、二作者等身份发表多篇SCI论文，担任多个SCI期刊审稿人及评审编辑，曾在美国德州大学奥斯汀分校及新加坡南洋理工大学实验室进行科研交流，获得同济大学"学术之星"称号，也是2016年嘉定区人大代表候选人、2020年上海市优秀毕业生。毕业时收到英国剑桥大学全额奖学金博士（该年全国仅有两人）、牛津大学博士、帝国理工硕士等名校的录取通知。

科研路漫漫，上下而求索

"在实验与科研里，每一个数据和代码都有生命。"

机缘巧合，刚刚大一的兰伊莎在学长的带领下加入一个医学图像处理相关的国创项目，感受到了一张张黑乎乎的CT图像最后变为多彩的可视化结果带来的震撼。在这里，伊莎第一次对自己的未来有了思考。"在人工智能时代，计算机与每个人的生活息息相关，也应该被广泛应用到造福人类的伟大事业中。"在刚开始的科研中，伊莎也曾头疼要学习完全没接触过的医学知识，也会面对满篇都是专业术语的英语论文而无从下手，但她从未想过放弃。在用整整一周的时间弄懂了第一篇论文后，伊莎突然茅塞顿开，她说："其实不妨用看小说的心态来看论文，每一篇paper都是一个新鲜的idea。"从最开始逐字逐句读paper，到选择性地略读paper，再到有了属于自己的可行idea，这个过程"有量变才会有质变"。

"疾病离我们并不远，计算机可以为健康做些什么？"有数据表明心血管疾病是全球的头号死因，而在其中冠心病又带来了极高的死亡率。在此不得不提到IVUS和IVOCT两个新型研究冠状动脉疾病的有效工具，它们有着极高的准确率和重要的临床意义，但由于还没有CT图像这样普及，所以研究这一领域的人并不多。

这大大激发了兰伊莎的研究热情,她主持了一项"上创"项目,并获评优秀项目。她广泛利用深度学习对 IVUS 和 OCT 图像中血管腔轮廓进行分割,这个研究不仅可以减少医生手动分割的工作,还可以为后续的可视化奠定良好的基础。伊莎说:"虽然我不能像医生那样真正妙手回春,但是我想为医学事业和生命健康贡献自己的一份力量。"

"走出去,合作与交流。"走不出去,眼前就是你的世界;走出去,世界就在你的眼前。人是环境和文化的产物,环境可以改变人,文化可以造就人。伊莎通过本科期间在国外实验室的交流,不仅了解了异国的风土人情,更学到了新的思维方式,对自己的项目有了新的 idea。"以前我觉得国外的大牛严肃古板遥不可及,但接触以后才发现他们有时就像和蔼的老爷爷。你的一点点努力和成就都会被肯定,他们会对你的突发奇想各种讨论,也会和你一起八卦聊天。"说起在国外的科研交流,伊莎觉得自己最大的收获在于总结和表达。"之前自己即使有了一些想法也不敢说出来,总怕贻笑大方,后来渐渐敢于表达、善于表达。每一个 idea 都值得尊重,哪怕是当下的异想天开都可能成为未来某一领域的里程碑,毕竟我们的生活就是日新月异的。"

兰伊莎的项目经历

在同济大学"学术之星"答辩现场,兰伊莎以这样一段话总结了本科期间的实验心得并与大家共勉:"在科研的路上,每个人前进的脚步有深有浅,挫折与失败也在所难免。但大道至简,行稳才能致远。即便代码 bug 和网络漏洞每天都在上演,我们也可以将算法的一点点改进看做一次次冒险,兴趣和努力最终会将所有困难席卷。我相信,通过我们的不断探险,医学图像分析的准确率定会有增无减;医生与患者之间可以实时交互,不再情深缘浅。最后,愿人工智能为医学事业加冕。"

同济大学"学术之星"终评答辩

生活中不只有学术,也应该有诗和远方

生活需要有调味品,丰富的课余生活可以释放学业和科研上的压力。兰伊莎在本科期间主持了嘉定校区毕业晚会、一二·九歌会、嘉定校区歌手大赛学院110周年校庆、合唱比赛等多场晚会。在这些活动中,她结识了很多志同道合的小伙伴,也丰富了自己的课余生活;舞台上的主持经历让她变得更加自信。经历着多场晚会的筹备、彩排和最终演出,伊莎不断被感动着。原来晚会的结束词里"感谢在座的每一位观众"不是套话,是观众让大家的付出更有意义;"感谢所有工作人员"更不只是一句简单的说辞,正是有了他们默默奉献的幕后,才有了那些精彩绚烂的台前。

热心志愿,团结互助

作为嘉定校区团委志愿者工作部副部长,兰伊莎组织并参与了爱心一对一活动、爱心衣物捐赠等各类志愿者活动。"一个人的爱心或许微不足道,但众人拾柴火焰高,众多的爱心聚集起来可以使天地变得更美好。"本科期间,伊莎参加了多个大型志愿活动并在活动中获得优秀志愿者的称号。"作为一个志愿者,在助人的同时,也是自助。"

同济大学嘉定校区 2019 届毕业晚会

大道至简、行稳致远是她一直信奉的理念;扎实科研、知行合一是她不懈的追求。希望兰伊莎能继续不忘初心、砥砺前行,以自己的力量发光发热。

朱丽萍：挑战未知，力行求至

朱丽萍

朱丽萍，女，中共党员，山西高平人，2016级环境科学与工程学院本科生。曾获国家奖学金、优秀学生三等奖学金、唐仲英德育奖学金、肯特—杨钦优秀学生干部奖学金、社会活动奖学金，及同济大学优秀学生干部、优秀学生标兵、学院优秀党务工作者等荣誉。曾任环境科学与工程学院本科生党建团建联合会主席、本科生第二党支部副书记，同济大学仲英公益促进协会会长，并协助学校团委和纪委完成多项宣传设计活动。

服务先锋，热爱公益践行职责

大学入学后，朱丽萍第一时间提交了入党申请书，并通过面试加入了环境科学与工程学院学生党总支下属的学优示范团，自此与学院党建工作结下了不解之缘。2018年7月，她成为学院2016级本科生首批预备党员之一，并被任命为学院本科生党建团建联合会主席。为了打开优秀积极分子参与更高层面党团建工作的通道，吸纳有想法、有热情、有能力的新群体加入，她尝试进一步推动联合会成员主体从高年级党员向低年级入党积极分子过渡，明确组织及各部门板块职能分工，提高工作效率。任职期间，她还参与策划了多个大型党建活动：红色故事会组织百余名积极分子，以活泼真实的舞台剧追溯革命先烈、弘扬时代精神；支书论坛搭建支部书记们思维碰撞、经验交流的平台，促进资源共享，加强组织联建，增强党员凝聚力；民族生大联欢展示了多彩瑰丽的民族风情；"同舟助飞"助学帮扶也为学习困难的同学们提供了帮助。她秉承"党员心中无小事"的信条，勇于担责、认真履职，被评为2019年度学院优秀党务工作者。

除此之外，她也热衷公益与志愿服务活动。她在大一年级便加入学院志愿服务部，在绿行者志愿服务中队里负责对接上海海洋水族馆项目，多次参加水族馆与小学宣讲活动，这段经历带来的满足感使她心中一直怀有服务社会的热忱。大二年级她有幸成为同济大学仲英公益促进协会的第一批社员，并被任命为会长，成为"公益设计+"这一先进理念的首批践行者之一。社团规章制度的建立与完善,不同校区、不同专业同学之间的沟通与配合,与全国其他高校唐仲英爱心社之间的互动交流与经验借鉴,都在最基础的公益活动策划之外使她感到创业的艰难。但筚路蓝缕不灭其志,在社团同学们的齐心协力下,"点燃行动力"新生手帐计划、宝山区宝祥新苑动迁社区改造、试验期公益创变营赋能项目依次落地,使得社团能够带着充分发挥同济学科优势和专业素养的、大学生爱做、能做、好玩、有趣的公益,前往山东大学、浙江大学等,分享创新理念,践行同济大学"与祖国同行、以科教济世"的办学传统。

学业模范,立足专业志在远方

学习是大学生的第一要务。朱丽萍对待专业认真踏实,严于律己。以平均绩点 4.42(满分为 5)、综合排名专业前 10% 的成绩,顺利获得推免资格,成为同济大学环境科学与工程学院 2020 届研究生。

着眼于专业知识,朱丽萍参与了多项科技创新竞赛及社会实践。她参加了全国大学生创新实践训练计划"重金属螯合剂应用的长期稳定化效果与环境污染风险评估"项目,在选题较为前沿、相关文献较少的情况下,围绕使用螯合剂进行垃圾焚烧飞灰中重金属稳定化存在的潜在风险展开研究,在需要进行严密防护、单次持续时间久的情况下坚持下来圆满结题,该项目获得肯特—杨钦环境教育奖学金科技创新团队银奖。

为了能够让人们对城市用水的认知形成闭环,知其从何来亦晓其往何去,也希望让自己的专业学习更加有趣,她和同班的朋友们报名参加首届水环境与水生态科普创意大赛,以原创的手绘卡通人物为主人公简要讲述了城市污水的处理过程,并排版制成较易于传播的折页形式,获得科普文章类三等奖。

朱丽萍连续三年参加专业相关暑期社会实践,且多次获评同济大学校级优秀项目和科蓝环境教育奖学金社会实践优秀团队奖。她在大一时前往贵州遵义仡佬族民族乡,在调研当地河道生态与取水情况的同时,结合当地红色文化和民俗风情对其生态旅游发展提出规划建议;大二年级利用前往意大利暑期学校进行交流活动的机会,在进一步学习专业知识的基础上对比了上海市与意大利中北部地区污水处理厂的运行情况,打开国际视野;大三年级参与组织党建共建基地——崇明石路村的美丽乡村建设项目,结合垃圾分类试点村的特殊性进行了问卷调查与统计分析,将《我与石路村》采访口述史整理成册,并充分挖掘其党建红、生态绿和乡情黄"三色"文化内涵,协助乡村振兴宣传打造。

那再小一点的废物呢？比如泥沙、煤渣等无机物质，格栅拦不下来，就会跑到后面的构筑物里导致板结或者磨损。这时，就需要沉砂池登场呢！以我国设计改进的钟式沉砂池为例，通过中心涡轮叶片的旋转形成螺旋水流后，大的砂砾被甩向池壁，在重力作用下沉入池底，也不必担心水里的有机一起沉积然后变得臭烘烘的，因为它们随污水继续前进了。

接下来就是初沉池的主场了。利用水中悬浮颗粒和水的密度差，初沉池在重力场的作用下进一步去除悬浮的无机颗粒，同时一部分悬浮态有机颗粒也因为"体重"过大，不堪重负地掉在了池底。按照国家标准规定，故事的第一幕——一级处理——就到此结束啦！

生活中，我们会在很多场合用到水。你有没有好奇过，进入下水管道里的污水最后都到哪里去了呢？答案是生活污水处理厂。现在我们就跟着污水中废物从大到小、处理方式的由易到难以及处理水平的由低到高，给大家讲述一下污水在处理厂里"洗澡"的故事。

首先，污水在漫长的管道旅途中不可避免地会掺杂一些漂浮物或者悬浮物，比如头发、塑料瓶、香蕉皮、树枝等等。这些东西如果进入水泵和污水处理设备，就会发生缠绕和堵塞。所以在进入污水处理厂前，先要通过一道或者几道拦截的"小栏杆"，我们叫它格栅。格栅上长有小耙子，可以把水里较大的废物勾起来送到后面的压缩机里压成块。

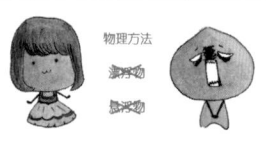

物理方法

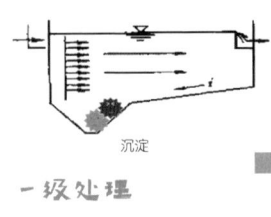

沉淀

一级处理

制作单位：同济大学环境科学与工程学院
团队成员：朱丽萍 陶云帆 邢思阳 栗端鑫

水环境与水生态科普创意大赛参赛作品局部

创先争优，对生活保持新鲜感

朱丽萍认为，大学不应该仅仅是按部就班接受专业知识的地方，作为学习层次拓展的过渡区，这里拥有相对轻松的校园氛围和与社会接触的广泛机会，更应该成为大学生开发自己的无限可能、走进社会服务社会的平台。因此，她将大学生活看作一块原石，希望能够通过积极尝试和探索，融入更多新鲜元素，将它雕琢得更加立体、动人。

在保证学习之外，她不断提醒自己要保持对生活的新鲜感，"走出舒适圈"，多到知识盲区摸索。在参与各种学生组织和社会活动的过程中，她筹划党建工作，热心志愿服务，走出校门实践考察，走进社团丰富生活……尽可能抓住身边机会，锻炼自己的各种能力，从小白到拥有画册编辑、海报设计、主持朗诵等各种技能加持，并在同济诗社、国绘社等社团中重拾了自己对古典文化的热爱。

> 知行合一、全面发展。朱丽萍认为:"虽然'吾生也有涯,而知也无涯',但只要心怀理想,仰望星空,无惧无畏,脚踏实地,在驶向新知的无限旅途中,定能收获一个令你欣喜的自己,成就一段卓越人生。"

刘 威：始于热爱，成于坚持，厚积而薄发

刘威，男，中共党员，江苏连云港人，2015级土木工程专业博士研究生。曾荣获江苏省三好学生、江苏省土木工程专业优秀毕业生、同济大学博士国家奖学金、同济大学优秀学生标兵称号等荣誉，博士在读期间发表SCI论文3篇、EI论文1篇、国际会议论文2篇。

刘威

兴趣是最大的动力

人生很多节点上，我们面临选择，科研的道路亦是如此。选择自己感兴趣的科研方向，才能坚持下去，没有兴趣任何想法都只能止步于空谈。从本科的书本学习转换到博士研究生科研状态，是一个困难的过程。刘威起初对自己研究的课题也是不感兴趣的，"这种老生常谈的课题有什么可以研究的"。可是随着不断的文献阅读、书籍查阅，他慢慢了解了这个课题，发现课题中存在很多别人研究的不足。"科研就像一盒巧克力，你永远不知道下一颗是什么味道。掌握了一个新的软件，学习了一门新的语言，发现了一个新的规律，新奇和惊喜无处不在。"当兴趣培养了起来，科研的道路上便充满动力。或许我们最初的选择不尽如己意，但是我们还是要培养对它的兴趣，发现它的可爱之处。凡事有了兴趣，就等于成功了一半。

坚持是唯一的选择

曲折的科研道路上只有坚持才能到达下一站。刘威的课题是试验与理论的结合，有经验的学者知道，试验的过程是艰辛曲折的，做试验的过程无疑是对体力、脑力和心态的多重考验。在2016—2018两年的时间里，他大部分时间都待在试验场地，体会过夏日40℃的高温，也感受过冬天零下的严寒；见到过凌晨四点的上海，

也欣赏过群星灿烂的夜空;试验仪器坏过,数据测不准过,困难永远比想象的多。试验过程充满着失败与考验,并非每个人都能耐得住寂寞。刘威屡试屡败,屡败屡试,"坚持是唯一的选择。为了能顺利毕业,为了自己的兴趣,更要为了能在祖国大地上撰文,再坚持一下。"最终,他顺利完成了试验,试验的部分成果也被专家认定为国际领先水平。科研的道路上满是苦辣,只有坚持下来的人才能品尝到下一站甘甜的果实。正如刘威的导师张子新打趣地说:"我让你上山打猎,你不一定能猎到老虎,但是兔子你总是能抓到的。"如果你也在摸索的道路上,请坚持下去,一如既往地努力向前。

试验现场的科研团队

科研是积累的过程

事物的发展是从量变到质变的过程,科研亦是如此。科研成果的获得是一个积累的过程,不可急于求成。刘威前三年的科研生涯可以用颗粒无收来形容,但是他深知这是一个积累的过程,脚踏实地地走好每一步才能在下一站仰望星空。在导师张子新教授的指导下,他积极参加隧道衬砌结构力学特性相关研究,以科研骨干身份参与包括国家自然基金项目、973项目、国家重点实验室项目等课题,在课题研究中积攒知识和经验,为后续工作打下了坚实的基础。科研不是闭门造车,而是站在巨人的肩膀上采摘果实。他平时注重文献书籍阅读,补充研究领域的专业知识。他还积极参加各类国内国际会议或是在会议中担任志愿者工作,先后参加

Geo-shanghai 2018 国际会议、智能地下空间大会、国际岩土力学多尺度会议、中国隧道年会、土木工程研讨会（KKHTCNN）等重要会议。通过这些重要会议，他可以学习国内外专家的最新科研成果，向专家请教研究中的难题。蛰伏三载，只为夏鸣。博士生涯的最后两年，在导师张子新和黄昕的帮助下，他顺利将"超深埋调蓄隧道衬砌结构性能试验研究"课题结题，该项目被认定为具有国际领先水平，并先后发表了SCI论文3篇、EI论文1篇、国际会议论文2篇。科研工作"功夫在诗外"，做科研一定要循序渐进，厚积薄发。

刘威在日本举办的土木工程研讨会上汇报

一个人可能走得快，一群人才能走得远

科研需学会团队合作，一个人的优秀离不开团队的支持。刘威与导师及科研团队师兄弟相处融洽，积极组织和参加教研室集体活动。"虽然我们参加土木学院的足球、篮球每次都是一轮游，但是我们增强了团队凝聚力，正是这股凝聚力推动了我们隧道一室的科研工作不断向前。"刘威所有科研成果都是在隧道一室老师同学的帮助下完成的，多和团队的人交流，才容易碰撞出思想的火花。研究、试验工作，只有团队合作，才能顺利开展和完成。一个人，或许能走得更快；但是一群人，才能让你走得更远。

Geo-Shanghai 2018 国际会议的优秀志愿者

隧道一室科研团队

在科研的道路上,始于热爱,成于坚持,最终硕果累累。在走向社会的道路上,刘威希望自己保持初心,将科研的态度代入工作,严谨求实,坚持不懈,通过自己的努力为社会做贡献,为中国人民谋幸福,为中华民族谋复兴。

刘雯静：斜杠青春，反斜杠科研

刘雯静，女，中共党员，江苏镇江人，2017级电子与信息工程学院集成电路工程专业硕士。曾担任同济大学研究生会副主席、团支书等职务。曾荣获硕士研究生国家奖学金2次，获同济大学优秀学生标兵、优秀学生干部等称号。曾获得2019年中国产学研合作创新成果奖、第三届全国集成电路创新创业大赛全国总决赛一等奖、"华为杯"第十五届研究生数学建模竞赛二等奖等荣誉。

刘雯静

斜杠力/斜杠青春/反斜杠科研

"许多人认为'斜杠力'的核心在斜杠，这大概是一种误解。没有'力'的斜杠其实只能算个人兴趣。"

"斜杠"一词源于英文Slash，斜杠青年指的是一群不再满足"专一职业"的生活方式，而选择拥有多重职业和身份的多元生活的年轻人。本科四年，一直致力于大学生活多样性的刘雯静也不禁陷入了"斜杠力"的误区。读研之后，随着科研工作的深入，她才逐渐明白其间的取舍与平衡。

"我想，青春确实无边界，追求斜杠的青春，是一种当代青年追求的人生的可能性。但科研是一个严谨克己的过程，在这个探索过程中，只有反斜杠的态度才能有所成就。"

论文/修行/止于至善

"我们常说要把论文写在祖国的大地上，但这并不意味着我们就不用写论文了。没有实际的论文，怎能进一步谈其应用与实践呢？"

2019年12月，作为主要完成人之一，刘雯静凭借其参与的"商品信息溯源编解码关键技术研发及其应用"获得第十三届中国产学研合作创新成果奖。这虽是她入学之时便参与的第一个科研项目,但两年后这一项目才落地凝结成薄薄一张证书。"从理论设计到仿真试验,从论文撰写到奖项申报,这些过程每个做科研的人都当经历过。成果来源于日积月累,我只用尽心尽力做好每一步,做到对科研负责。"

刘雯静总计获得两次硕士国家奖学金,参与三大科研项目,累计发表国际期刊论文(SCI检索)4篇、国际会议论文(EI检索)7篇,已授权实用新型专利1个,实审发明型专利2个。"学术之境,止于至善。踏上科研之路的人,要时刻自我鞭挞自我提醒,学术无止境,这是对自己的修行。"两年半的硕士生涯很短,刘雯静将其比喻为一场修行。这些冷冰冰的数据背后,裹挟的是她心中热烈的学术之火。

创新/竞赛/集成电路

"一次不行,那就再来一次。"

集成电路是信息技术产业的核心,2019年以来更是成为国家科技战略发展的重点产业。2018年,刘雯静与实验室两名同学组队参加了第二届全国大学生集成电路创新创业大赛,获得7月华东分赛区二等奖、8月南京的全国总决赛三等奖。心有不甘的她在2019年的夏天决心再战,虽然队员更迭,她却始终坚持继续参赛。

2019年8月 获得第三届全国大学生集成电路创新创业大赛一等奖

"我做事情有我自己的度,第二年有了反省和经验,心中有信心也有把握,便势必要再来一次!"

她所在团队参与的是"创新实践杯赛"的"集成电路及交叉学科创新技术成果及创业项目"的竞赛题目,所参选的"基于列车制动系统的半实物智能化试验平台"是他们三人为期两年参与研发的项目。该项目由同济大学与国家重载快捷铁路货车工程技术研究中心合作研发,以"集成电路+智能系统"为创新,旨在服务"一带一路"建设,确保国内及国际的货运交通运输的制动安全。

提及备赛过程中的种种,她也透露其间艰辛。"虽然硕士生本就没什么暑假,但是接连两年的7月和8月都无法回家确实有些遗憾。其间设备调试、算法修正,大家都十分辛苦,但团队科研也是1+1+1>3的过程,大家各展所长才有了最后的成功。"

交流/志愿/出走世界

"每个人大概都有一个出走世界的梦想,但是比起旅行,我更希望我的每一次出走都是一次实际的跨国交流。"

2019年间,刘雯静带着她的背包践行出走世界的梦想。1月,她在印尼登巴萨邂逅一群可爱的初中学生,在炎炎夏日里用赤忱之心进行中文的推广教学。"孩子们的领悟力远超过了我的期待,语言虽有障碍,心与心的距离却是没有的。"她一直怀念那段难忘的时光。

2019年1月,在印度尼西亚登巴萨做中文支教志愿者

2019年6月,她带着集创比赛的备赛论文成果于法国南锡洛林大学的交流论坛"Doctoral Workshop on Application of Artificial Intelligence in Manufacturing 4.0"进行展示与交流,结识了一群异国学术工作者。

2019年12月,她再次前往印度尼西亚,代表课题组参与在日惹举办的国际会议"TALE 2019：International Conference on Teaching, Assessment, and Learning for Engineering",并以工程教育为主题进行演讲展示。

"研究成果只有通过交流才能明白其中不足,人与人只有通过交流才能互相成就不断成长。"

实践/职务/不忘初心

2017年10月,刘雯静成为同济大学研究生会学术部的一员,致力于拓展硕士学术活动的另一种可能,经过一年的付出,她于2017年12月被评为同济大学"研会之星"。2017年5月,她代表同济大学研究生会前往东南大学参与第四届新时期高校研究生发展研讨会,与各高校学生畅意交流,一起探讨学生工作心得。2018年6月,经同济大学第二十四次研代会换届选举,她成为同济大学研究生会副主席。

2018年6月,于同济大学第二十四次研究生代表大会当选研究生会副主席

"我很喜欢一句话：因为你涉世未深,所以你与众不同。我从不觉得青年人因

未踏足社会就代表幼稚,这份对实践活动的纯真和热血,是真正的青年'斜杠力'。"

2018年7月,她成为全国青少年高校科学营同济分营的负责人之一,并担任志愿者管理组组长。每日持续到晚上十点的志管组会议,炎炎夏日分营活动的往来,她未曾有过丝毫的抱怨。从照顾受伤学生到每日清晨清点班车人员,从随营志愿者统筹到人员与活动整体协调,她都有条不紊地一一完成。一年期间,她也致力于推广社会活动学术性的一面,以学术部和博士生工作委员会工作为核心,丰富了同济科研学子的生活方式。

在2019年6月卸任前夕,她用一篇推文总结了一年的研会工作,文末她写道:"从2018年5月26日到2019年5月31日,370个日夜,我与你相伴。我知道还会有下一个'枫林节',还会有下一批为此孜孜不倦的研会人。"

<u>刘雯静的"斜杠观"源于不断的吸收与成长。她希望的斜杠青春是通过拓展人生的宽度为自己带来更多的可能,从而为社会增添色彩;她坚持的反斜杠科研是通过脚踏实地求真求实,通过科技创新为国家和人民生活带来进步。</u>

刘　潇：为祖国奉献青春，一个拒绝不了的原假设

刘潇

刘潇，男，共青团员，云南昆明人，2016级数学科学学院统计学专业本科生。曾获国家奖学金、同济大学一等奖学金，2018年"高教社杯"全国大学生数学建模竞赛全国二等奖、2019年全国大学生数据驱动创新大赛优秀奖、2019年中国高校SAS数据分析大赛全国第七名以及2018—2019学年同济大学优秀学生标兵等荣誉；曾任数学科学学院16级试点班班长、数学科学学院学生会副主席。

不断探索，砥砺前行

"我曾假设，自己能够脱离学海，绕过书山，不用再为繁杂的公式而烦忧。但最终发现，只有在学习的道路上不断探索，砥砺前行，才是我内心真正的归宿。"

2016年9月，当刘潇第一次来到同济，踏进数学科学学院的大门时，和其他很多同学一样，面对未来丰富多样的选择他也感到迷茫。迫切想要找到前行方向的他，开始了在各个领域漫无目的的探索。

"我参加过复旦的金融学辅修，在网上听清华邓俊辉教授数据结构的网课，不断地去摸索和尝试，只希望早日找到自己的兴趣所在，然后摆脱那些'复杂晦涩'的理论知识，去新的世界里大展拳脚。"

2017年，刘潇作为项目负责人加入了数学科学学院关晓飞老师的国家创新项目组，研究基于结构方程模型的历史街区价值评估。随着项目的推进，他渐渐发现，自己的知识储备和实际应用之间，存在着一个巨大的理论断层。那些平时看起来高高在上的数学统计学理论知识，其实才是解决实际问题最关键的核心所在，也是一切创新的根源与出发点。

"我开始反反复复地翻阅已经学过的教材，在网上查阅相关的资料文献，一点一点地去揭开模型背后潜藏的奥秘，一扇新的大门似乎也就那么悄然无声地在我

面前打开。数学学习以及统计学学习慢慢地变成了动力本身,我也不断思考和沉淀,开始渐渐明白,夯实学科基础,扎实专业技能,是我作为一个学生所能做到的最直接也是最值得的事。"

赠人玫瑰,手留余香

"我曾假设,自己可以独上高楼,孤立于落花之中,在封闭的世界里怡然自得。但最终发现,付出以及与他人之间的联系,才是发现自我价值的途径。"

刘潇一直对自己严格要求,希望除了学习,其他方面的能力也有综合提升。他在大一就加入了数学科学学院学生会,并且在两年后当选副主席,为身边同学无私地服务奉献;作为一个来自云南的同学,刘潇心系家乡,加入了同济大学彩云支南协会,用各种各样的方式,为家乡贫困地区的孩子们送去温暖和关心。

刘潇作学院主席团竞选演讲

2018年暑假,一个偶然的机会,刘潇作为彩云支南协会永安支队的一员,去到了云南省大理白族自治州诺邓镇永安村,开展了为期半个月的支教和调研实践活动。在这个距离上海三千多公里的小村庄里,他作为小老师给孩子们讲解生物世界的奥秘;作为大哥哥给孩子们带去陪伴和温暖;作为新时代使命的担当者,协助刘一呈老师对永安的居民经济情况进行调研,助力当地脱贫攻坚。每天的工作和跋涉非常辛苦,但是回想起那段经历他并没有任何后悔或是抱怨。"那里的孩子非常可爱,他们会聚精会神地倾听你的一字一句,会拿着刚学的手工向家长炫耀,会奶声奶气地在操场上重复刚刚学会的歌。看到他们在你的陪伴下,学会写诗、写书法,认识了海里的海龟鲨鱼,了解了鸟儿飞行的奥秘,我渐渐明白:帮助和奉献这个过程本身是无法令人满足和愉悦的,更重要的是了解到你的付出落到了实处,起到了作用。因此,一定是在与他人的联系当中,我才会真正得到成长,发现自我的价值。"

2018 年　彩云支南协会永安一队苹果班

回到学校,刘潇也没有停止他奉献和付出的脚步,将服务的对象转向了身边的同学。他发挥自己的学科优势,作为同济大学"数学外卖"团队概率统计组的负责人,在近两年的时间里为校内学习概率论与数理统计的同学开展了数次考前讲座以及线下答疑活动,构建了概率统计线上共学平台。面对院内的同学,他也不吝于分享自己的学习心得与方法:参与编撰整理了《统计学习扩充包》,用自己的经验给备战各种统计学考试的同学加油助力。"我希望把自己的余热向更多方向去辐射,希望看到越来越多的人多多少少在我的影响之下变得更好。"

投身科研,奉献青春

"我曾假设,自己注定庸庸碌碌,怀一颗江湖之心,不须去度庙堂之志。但我最终发现,在数据科学的世界中,探求造福社会的模型,为祖国奉献自己的价值,才是我的目标与追求。"

近十年,大数据与人工智能的浪潮席卷而来,整个市场对于统计学人才的需求也是日益提升。读几年研究生之后,在上海这样的大城市找到一份薪资还不错的工作,过上充实安逸的生活,可以说难度并不是很大,这也是包括刘潇在内很多学习统计学专业的同学一开始的规划。

直到2019年4月,刘潇去上海财经大学参加首届全国青年统计学家论坛,在那里他第一次和国内站在统计学研究前沿的那些杰出青年教授、学者有了近距离接触和交流的机会,第一次看到了蕴藏在统计学研究背后无穷的可能性。

"我似乎受到了鼓舞,心中燃起了一团不知名的火焰,仿佛那么多年以来,第一次感觉到自己的兴趣和工作可以和这个社会、这个国家产生如此紧密的联系。"

刘潇作为副会长,和同济大学数据分析协会的同学一起举办了囊括统计学习、深度学习、高维统计等主题的理论讨论班,不断地丰富和提升自己,为将来的科研之路奠定基础。毕业后,他将前往上海交通大学数学科学学院攻读统计学博士,从事高维统计方向的研究。

刘潇认为,对于自己来说,始终正确、无法被拒绝的命题,就是为了社会、为了祖国,用自己的方式,燃烧青春,奉献价值。做好目前正在做的每一件小事,努力提升自我,实现梦想,担当时代责任和历史使命。

孙　韬：驰骋在计算机视觉的海洋里

孙韬

孙韬，男，共青团员，上海市人，2016级软件学院本科生。以第一作者身份发表系列学术论文3篇，引用量累计30余次，被国际计算机视觉领域顶级会议、国际地理信息系统领域学术会议等录用，并受邀两次赴国外参加国际学术会议。曾两次获得国家奖学金；获同济大学"学术之星"称号；获"挑战杯"全国大学生课外学术科技作品竞赛上海市特等奖和全国决赛二等奖、全国大学生物理竞赛上海赛区二等奖等奖项。曾任校学生会学术与文化促进部部长，获同济大学学生会"优秀干事"称号。

"奋斗的我，用毅力和智慧书写同济学子的使命担当"

一次偶然的机会，孙韬在同济深度学习实验室接触到了计算机视觉技术，这唤起了他内心深处久违的激情。他对计算机视觉的着迷源于这样一个简单的事实：在数百万年的进化中，人类作为高等生命选择了视觉作为其最主要的感知手段。因此，计算机视觉技术成为了人工智能的重要基础与研究热点。从那时起，他便有志于将计算机视觉作为未来的研究方向。

作为一名本科生，要从事专业的学术研究是相当有挑战的，日常学习任务繁忙且专业知识储备不足，光凭兴趣和热情远远不够。对此，他经常鼓励自己说："一个人只要有目标、有毅力，就几乎可以做成任何事情。"在完成学业的同时，他一头扎进实验室，参与科技创新实践，以尽快适应高科技飞速发展的挑战。

自大二起，他在老师的指导下开始参与"基于计算机视觉技术的卫星图像道路提取"有关研究，提出改进的数据融合方法与算法模型，显著提高了提取方法的稳定性和准确率，能较大幅度节约路网识别中的人力成本，可应用至无人驾驶汽车等未来领域中。其间，他以第一作者身份发表系列学术论文3篇，包括CVPR（计算机视觉领域顶级会议，领域排名第一，CCF-A类，EI检索）、ACM SIGSPATIAL（地理信息系统顶级会议，领域排名第一，EI检索）和CVPR Workshop（EI检索）论文。当时，相关领域的前沿学者之一，多伦多大学计算机系Rasquel Utrasun教授的课题组也跟进了他的相关研究成果。

这一科研项目也参与了 2019 年"挑战杯"全国大学生课外学术科技作品竞赛。作为项目负责人，孙韬带领团队克服种种困难，从初赛到决赛接近一年时间里，从选题、文献的搜集阅读、研究思路的碰撞、实验方案的推敲直到最后的论文撰写，环环相扣。这些努力最终都得到了回报。他们团队先后获得了同济大学"卓越杯"特等奖、上海市"挑战杯"特等奖，并顺利入围全国决赛，最终获得全国二等奖。这是同济大学首次进入该赛事全国决赛并获奖的团队。

全国"挑战杯"决赛获得二等奖

在计算机视觉之外，孙韬还参加了同济大学 X-Lab 智能运维实验室，加入"基于时间序列的云平台故障诊断系统"相关研究，顺利完成并达到了合作公司的预期目标。他还与同济大学经管学院同学跨学科合作，进行"面向精力管理的时间规划平台"研究项目，并成功入选全国大学生创新实践训练计划（国创）项目。这样的研究使他不但开阔了视野，更对人工智能技术的多种应用场景与发展方向有了进一步的理解。

由于发表的系列论文之影响所及，孙韬已受邀为国际期刊或学术会议审稿 7 篇，其中，IEEE JSTSRS 期刊（Journal of Selected Topics in Applied Earth Observations and Remote Sensing，SCI 检索，影响因子 3.4）1 篇，ACM SIGSPATIAL 2019 会议 6 篇。作为一名在读本科生，在国际专业期刊或学术会议发表论文已属不易，担任审稿人更是难得。

孙韬曾先后 2 次应邀并获批公派赴美参与国际顶级学术会议交流。参加国际级学术会议，使他大开眼界。通过会场内外与国外同道的近距离切磋交流，他进一步了解了学科发展的趋势和前沿,以及差距之所在,也对习近平总书记指出的"创新始终是一个国家、一个民族发展的重要力量,也始终是推动人类社会进步的重要力量"有了更深刻的理解。

在洛杉矶长滩参加 CVPR 会议并同 Ilke Demir 博士交流

"脚踏实地、志存高远,做新时代的追梦人"

在探索学术道路的过程中,孙韬始终不忘记学习的基本要务。他把"学习是进步的阶梯""脚踏实地方能仰望星空"这两句话作为自己的座右铭,学习勤奋自觉,无论基础学科和专业学科均成绩优异。他的本科平均绩点 4.82,综合排名专业第二,曾两次获得国家奖学金,获同济大学新生奖学金、优秀学生一等奖学金等。

专注课程学习之余,他也热衷于参与各类学科竞赛,先后获得 2017 年第三十三届全国部分地区大学生物理竞赛上海市二等奖、2018 年美国大学生数学建模竞赛 Honorable Mention 奖、2017 年全国大学生数学建模竞赛上海市二等奖、微软公司"实践空间"(Practice Space)项目竞赛 Finalist 奖等奖项。

"小我融入大我,为传播学术知识添砖加瓦"

孙韬曾说:"学习与科研不仅仅是为了加深自己对相关领域的理解,更重要的是跳出'小我'的追求,将学术知识传播给更多、更广泛的受众,给社会、给人类带来更深远、更有意义的价值。"他主动提出希望担任相关课程的助教工作,在2018年春季学期,为同济大学大数据专业本科生讲授"深度学习"课程部分内容;2019年春季学期,他担任"深度学习"课程助教,竭尽所能帮助更多同学提高专业能力。他还积极参与软件学院谷歌俱乐部活动,在谷歌俱乐部Android Summer夏令营作为"讲师"讲授机器学习有关知识。

在校学生会学术与文化促进部任职期间所举办的部分活动海报

在服务同学的过程中,他也坚定追梦。他曾担任同济大学学生会学术与文化促进部部长,组织各类学术讲座、沙龙、圆桌讨论超过15次,邀请包括"创新工场"CEO李开复先生、同济大学校董张松先生等在内的杰出人士为同学们"传道""授业""解惑",获得同济大学学生会"优秀干事"荣誉称号。

> 孙韬的学术道路才刚刚启航。今后他将更加努力学习,不断提升自身学术研究的能力和水平,争取在计算机视觉科研领域取得更多、更有影响的成果,为社会、为人类创造出更多价值。

李 纳:立足当下,做好自己

李纳

李纳,女,共青团员,山西长治人,2015级物理科学与工程学院凝聚态物理专业博士研究生。读博期间发表SCI论文10余篇,申请专利10多项(其中发明专利已获得授权一项),参加激光晶体材料相关领域学术会议8次。曾荣获同济大学博士研究生奖学金、优秀学生标兵和同济大学优秀毕业生等荣誉。所在团队在第五届全国大学生"互联网+"大赛中荣获同济大学校内赛金奖、上海市金奖和全国赛银奖。

宝剑锋从磨砺出,梅花香自苦寒来

自考入同济大学物理系以来,李纳时刻以高标准要求自己,坚信一分耕耘一分收获。她起早贪黑,宿舍与实验室两点一线;她调试实验设备,反复数据测试,只为激光晶体良好生长。此外,她利用一切课余时间,努力学习,开阔眼界,积极充实自己。

在刻苦学习本学科及相关学科的理论和技能的同时,她利用自己较好的英语实际运用能力,自如地阅读专业相关领域的英文文献,用英语撰写本领域的学术论文。

无论是在实验中还是在学习中,李纳非常善于思考,习惯问"为什么",经常通过查阅文献、与导师讨论等方式获得启发,及时找到解决问题的思路。在大家遇到问题的时候,她总能提出一些好的意见和建议。她以勤勉进取的积极态度,全方位地充实锻炼自己,踏踏实实做人、勤勤恳恳工作已经成为她人生奋斗的标准。

她的导师徐军教授要求团队成员做学问要"顶天立地","顶天"就是要站在领域发展的最前沿,做开拓性的工作,不能人云亦云,跟在别人后面做重复性的工作;"立地"就是要立足于材料的产业化应用,做有应用前景的材料,做材料必须要做到"料要成材、材要成器、器要能用",不能只停留在发几篇论文或申报几项专利。作为学生,要广泛地调研文献,要学会总结并发现问题,形成自己的学术思想。

纸上得来终觉浅,绝知此事要躬行

李纳积极参加了一些科研项目的具体工作,将课本中学习到的知识运用到实践当中。在生长晶体较长的周期中,她勇于试错,不断调试实验条件,直至取得成功。同时,她在试验中细心观察,及时动手操作,具有较强的实际操作能力。在实验的基础上,近一年的时间里,她发表学术论文8篇,获得授权专利1项。除此之外,她还积极组织参与校内外科研活动,这些都为她今后工作乃至科研提供了宝贵的经验。

知识改变命运,创新改变世界

习近平总书记说:"让青春在党和人民最需要的地方绽放绚丽之花。"作为孜孜求学的学生,李纳的绽放便源自对知识的渴求。她深知是知识,让爱迪生从贫民窟走入了曼哈顿;是知识,让轮椅上的霍金成为了全世界的骄傲!一个有知识的人能改变自己的命运,一群有知识的人能改变国家的命运。

在上下求索的漫漫路途中,她所在团队的项目"钛石科技—建造光电功能晶体材料的孵化和中试基地"参加了第五届全国"互联网+"大学生创新创业大赛。钛石科技的主要业务就是针对蓝宝石材料的制造,他们采用的新的制备技术,即改进热交换法结合高温强还原气氛退火工艺,可生长出大尺寸、高光学均匀性的优质蓝宝石,具有硬度高、信号穿透能力强、在高温环境下耐磨损的优点。2019年6月,她所在团队的项目在同济大学校内赛中荣获金奖;7月,在华东师范大学举行的上海市市赛中获得金奖;10月,在浙江大学紫金港校区举行的全国赛中荣获银奖。在全国赛期间,时任国务院副总理孙春兰在创客秀展示环节视察了其团队的"钛石科技"项目。

上善若水,厚德载物

"上善若水,厚德载物。"什么是"德"? 在李纳眼中,帮助别人要求回报,叫作交易;帮助别人不要求回报,就叫作"德"。

丰富的社会实践使她的研究生生活更加精彩。在课余时间,她积极参加上海市联劝公益的50公里暴走公益活动。她担任过三年物理实践工作站的讲解工作,接待过上千名到同济大学参观访问的中小学生。她有较强的社会责任感和正义感,在各项公益活动中表现出较强的奉献精神和自我牺牲精神。从这些经历中,她懂得了热情、坚持与责任的重要性,这些经历在今后的科研学习和工作中会让她受益无穷。

"仰望天空"是前提,决定未来,人要有理想,"虽不能至,但吾心向往之";"忠诚敬业"是现在,要不忘初心,培养自身的工匠精神;"淡泊名利"是结果,要真正做一名有荣誉感、有担当、有责任感的科学家。

李婷玉：明心知往，力行求至

李婷玉

李婷玉，女，湖南人，2016级材料科学与工程学院本科生。本科学业结束后以综合排名学院第一的成绩保送至清华大学。曾荣获国家奖学金、同济大学社会活动奖学金等，连续三年被评为同济大学优秀学生，并被推选为同济大学优秀学生标兵。曾担任材料学院学生会副主席、校学生会干事及班长等职务，获得优秀部员、优秀干事等称号。曾获中国大学生科研英语演讲大赛全国一等奖、上海市"挑战杯"二等奖、上海"科创杯"发明创新创业奖及上海市计算机应用能力大赛三等奖等，参与响应性水凝胶、纤维素薄膜湿度传感器等科研项目并取得论文、专利等成果，科创成绩突出。

知识与能力同追

从大一开始，李婷玉对材料相关课程就有着极高的热情，渴望不断突破对专业知识的掌握极限。但她同时也感受到了材料专业课程的学习思路与高中截然不同，也曾感到迷茫吃力，甚至焦虑难眠。经过和辅导员的一番交流后，她重燃进入同济时那份勇敢追求的热情，展现出不言弃、不气馁的韧劲。

在接下来的大学学习生活里，她坚持做到每一天、每个月、每学期都走出自己的舒适圈、实现突破。课堂上，她全神贯注，像海绵一样极力吸收知识的养分；下课后，她也没有丝毫懈怠，时常能看到她与同学热烈讨论、向老师悉心请教的身影。每一次作业，不论是随堂小练习还是课程大作业，她都竭尽所能做到最好。

"既然要做，就要做到最好。"正是这一次次的"做到最好"，铺就了李婷玉精益求精的追梦之路。从最初的毫不起眼，到大三时的全院第一，她一步一步实现着对自己的突破。

物理化学实验是材料化学类学生培养科研技能的一门基础课程，但同时也是一门高难度课程。在李婷玉的记忆中，完成一次不到2小时的实验，实际上要花费两三天的时间：实验前的预习和实验后的总结，一项都不能少。李婷玉坚信，这是本科阶段打基础、长本领的必经之路,绝不能投机偷懒。

英语演讲选修课上的一份演讲稿,她反反复复修改了二十几遍,还是不满意,又不断请教老师,终于在第三十一遍修改后敲定终稿。这样认真的态度使她收获了很多课外知识,提升了能力,更帮助她学以致用,在全国级科研英语演讲比赛中荣获一等奖。

知识的获取让李婷玉成绩优异,而能力的提升使她多彩出众。她曾代表材料学院参加学校健美操比赛,获得全校第二名的佳绩;也曾参与三人制女子篮球比赛,荣获全校第三名。即将毕业之时,她更不遗余力地为学院迎新晚会奉献了自己的主持人首秀。

"只要多付出一点努力,你会发现收获的不只是夯实的专业基础和多彩的大学生活,更是一双助你追梦远飞的翅膀!"

担任迎新晚会主持人

基础与创新同进

"严谨,求实,团结,创新",李婷玉始终谨记牢记于心。专业基础打牢了,科研创新实践成为她的下一个小目标。通过纳米纤维素薄膜电容性湿度传感器项目,她开启了一段科研创新之旅,首次尝试自主设计课题并在导师的指导下撰写英文论文,投稿 Journal of Material Chemistry A(IF = 10.733);而另一个温度响应性水凝胶项目,最终申请发明专利两项,并在 Advanced Healthcare Materials(IF =

6.295)发表论文1篇。此外,她的多功能智能领航机器人项目获得了上海市"挑战杯"二等奖、同济大学"卓越杯"特等奖等荣誉,申请了多项发明专利、软件著作。

部分创新竞赛成果

科创杯答辩

"我不一定是最聪明的那个,但我必须足够努力,才能不负自己的初心!"自入大学起,李婷玉的初心就未曾改变:从事自己热爱的科研工作。创新项目的实践激发了她对电子信息材料的好奇与探索之心,"'卡脖子'的微电子领域,许多是'卡'在了器件所需的材料上"。创新项目的指导老师们在李婷玉的心里种下了朝气蓬勃的逐梦种子,而漫长的科研之航,还等着李婷玉乘风破浪、坚定前行。

实践与责任同行

"学生活动并不是花式打打闹闹,而是做一些对同学们真正有帮助的事情。"李婷玉同许多同学一样,对大学的学生活动充满了新奇和热情,希望成为同济丰富的学生组织中的星星之火,锻炼提升自己综合素质的同时,急人所急、急人所需、献己一力。

在校学生会,李婷玉和伙伴一同策划筹办了校际饮食文化节和女生节,为同济学子和其他高校学子搭起了友谊的桥梁;而通过策划寝室文化节,她努力拉近同学们之间的距离，为大家营造一个温馨的社区氛围。从"英材汇"校际互动到学院迎新文艺晚会，从朋辈互助学习平台建立到"大手牵小手"志愿活动，李婷玉用一颗踏踏实实的热心为学生活动添砖加瓦，用点点滴滴的行动践行着一个青年人的责任和担当。

大学的寒暑假没有纸质作业，李婷玉便将寒暑假利用起来进行社会实践，寒冬酷暑，她在调研的路上践行着"与祖国同行，以科教济世"的使命。回访高中母校，调研母校的教育发展情况；深入调查家乡的世界文化遗产——江永女书文化的发展现状，提出自己对非遗文化保护策略的思考与建议；赴湖南博世科公司挂职调研，实地了解中西部地区企业发展的特点……一次次的社会实践活动，李婷玉沉淀、思考，逐渐明晰了把个人发展与国家发展战略相结合的目标，也看到了自己作为青年人的使命和责任。

> 追梦者朝着理想与目标前进，即使踩在荆棘里、泥泞上，生活也充满着希望。大学期间，李婷玉明晰了自己的人生理想，磨砺了自己的人生态度，更拥有了济世天下的家国情怀。在未来，相信她会初心不变，用更加坚定的信念、更加沉稳的步伐，去追求科研创新之梦想，去实现青年强国之使命！

肖　璠：见微知著，砥砺前行

肖璠

肖璠，女，共产党员，江西吉安人，2018级经济与管理学院管理科学与工程专业博士研究生。就读期间曾获得同济大学优秀学生标兵、同济大学优秀博士生奖学金、同济大学新生奖学金、同济大学学术先锋提名奖等荣誉，所在团队曾两次获得全国研究生数学建模二等奖及阿里云"智慧航空"AI大赛一等奖、Sabre全球航空优化算法竞赛一等奖等奖项。在交通领域顶级期刊《Transportation Research Part B》，以及《Computer and Operations Research》《Transportation Research Part E》等期刊上发表了数篇论文。

始于探索，将论文写在祖国大地上

2015年的秋天，本科刚毕业的肖璠搭乘着返沪的航班，穿越层层白云，竟不想此后的生活与航空结下了不解之缘。那是她第一次拜访梁哲教授，因着航班延误还晚到了近三个小时，但正是因此，一项关于如何降低航班延误率的课题就伴随着她走过了此后的研究生活。

"我工作的最大意义，就在于这些研究是接地气的，针对的是航空公司和机场提出的实际问题，研究成果直接应用于航空公司。"在日复一日的研究生活中，肖璠默念着导师梁哲教授一遍又一遍强调的话，不知有多少个夜晚，她都是同济大厦A楼最后一个熄灯的人。回宿舍的路上，已是星光点点。

"我们多一分工夫，就能让飞机早一刻起飞，让漂泊在外的游子早一刻归家，让机坪上顶着烈日的机务人员早一刻回候机楼休息。"肖璠如是说。在文献的海洋里，她常常在电脑前一坐就是一天，细细咀嚼前沿的研究方法。几千篇文献、上百本书籍、数不尽的行业报告汇聚成了最初的研究资料，也正是这些材料给她打开了航空的大门，奠定了今后的研究基础。

"老师常教导我们要做有价值的研究，而有价值的研究不是纸上谈兵，是深入企业、深入现场去发现问题、解决问题。"

在过去的一年多时间里,她的飞行距离达到了10万多公里,飞行了108次,经历了27次延误,而最长的一次延误达到了130分钟。一次次的出行等待,她习惯了在机场观察来来往往的旅客、起起落落的航班动态,然后打开电脑开始思考如何降低航班延误率。在走访企业的过程中,她也一度感慨,在台风干扰下,厦门、深圳这些沿海地区的航班延误是多么严重。肖璠告诉自己,要立足企业,突破现有的研究,让科学研究带动一个行业的发展。

勇于挑战,以实力开拓崭新视野

在研究生活中,肖璠也有过疑惑与不解。当她阅读了成千上万份文献,走访了大大小小的公司,接触了诸多高校的学者后,面对凌乱琐碎的业务问题和日新月异的计算方法,她渴望着一场同台竞技来开阔自己的视野,了解最新的技术。

"阿里云的比赛打开了世界之窗,凝聚了大家的力量与智慧,所有的选手都在备战和比赛的过程中收获了成长与进步。"

那是一场历时三个多月的比赛,在这场比赛里,肖璠和她所在的团队昼夜不舍地思索、调试与改进他们的算法。"这不是一个人的努力,是一群民航人对梦想的追逐与竞技。"肖璠强调道。17个国家,1644支队伍,3600多名选手,一群充满热情的青年在这场角逐中激流勇进,勇争第一。

"每一个人都是一位战士,在自己阵地上冲锋陷阵,也不忘时刻向队友们伸出援手。"肖璠回忆起那些"结对"编程的夜晚时这样说道。在这段经历中,大家丢弃了腼腆与拘谨,一起面对着"世界难题",讨论、批判、尝试、互相帮助……他们从不知所措到从容不迫,最终一起获得了大赛一等奖。她热爱这个由一名才华横溢的高校教授和几名热血沸腾的青年学子组成的优秀团队。他们在生活中相互关心,在学术上团结合作,结下了深厚而真挚的感情。他们会在夕阳西下时结伴去运动场释放青春的活力,会在遇到瓶颈时清唱一曲为大家舒缓压力,会在成功时一起欢呼雀跃,温暖相拥。

善于实践,用代码编织飞机轨迹

"纸上得来终觉浅,绝知此事要躬行。"沉迷于研究与竞技固然能够成长,而想要服务于社会,创造真正的社会价值,必须实践才行。

在实验室里,在前往食堂的路上,肖璠时常和她的导师一起感慨,我们总是花

肖璠与队友备战比赛

上亿的价格去购买国外的航空软件,而那些软件又昂贵又"水土不服",航空公司们一个个苦不堪言却又无可奈何。伴随着国家的发展,航空业的崛起,"我们要做中国的 Sabre",这声音一遍又一遍在她的脑海中回响。

趁着竞赛获胜的势头,肖璠又迅速投入"智能航空"恢复系统的建设。她默默坐在电脑前,陪伴着那些在一线辛苦奉献的民航人。一行一行敲下的代码将航班串在了一起。她将原来需要 6 小时的工作缩短到了 15 分钟,为厦门航空减少了 7%的航班延误和 2%的航班取消情况。

"那次正临台风'玛利亚'过境厦门,我们两组人面对面坐着,一边忙乱地进行人工调整,一边按下了开始计算的按钮。"这就是系统第一次投入使用时的紧张情景。相较于克服技术上的困难,打破民航对国产软件的不信任反而成了此次实践最大的收获。

算法的研发很辛苦,一次方案的运行需要处理 200 多项目标、160 多项场景参数、6 000 多个航班、80 多万条旅客行程以及 30 多万条运行限制,代码的长度甚至能从同济大学嘉定校区铺到四平路校区。然而,工作的琐碎与繁重,在一片真诚与炽热的决心前显得不值一提。

台风"玛利亚"方案调整现场工作人员合影

牢记使命,怀赤子初心砥砺前行

谈及未来的学习及发展方向,肖璠说:"在同济的日子里,每一天都感觉那么短,总有那么多事来不及做。我想还是要不忘初心,砥砺前行吧。"一次航班延误导致的约会迟到,却让这项颇有意义的研究伴随着她走过了自己的同济岁月。

肖璠将每一天都规划得丰富而充实。她仰望星空,追寻自己的初心和梦想;脚踏实地,沉下心来做学问。她说,每每看到天空中划过的飞机,她的心便雀跃起来。

找到自己热爱的事情,肖璠全力以赴地前进着。从对航空优化领域一无所知到如数家珍,从对理论进行深入研究到将创新成果付诸实践,她用自己的梦想和行动为青春加上了最好的注解。

历尽天华成此景,人间万事出艰辛。肖璠也会在以后的学习与生活中,继续不畏困难,勇于探索,在科学的天地中不懈追求,将更优秀的论文写在祖国大地上,将更优异的成绩写进自己的青春年华!

汪　涛:踏寒冬之雪,寄杏林之花

汪涛

汪涛,男,共青团员,四川省南部县人,2015级医学院临床医学专业本科生。曾获2016—2017学年度及2018—2019学年度国家奖学金、2017—2018学年度上海市奖学金、2017—2018学年度同济大学"优秀学生"荣誉称号等,以优异的成绩成为同济大学2020级妇产科学直博生。在2019年同济大学医学院技能比赛中获操作项第一名,单项奖两项;在第二届上海市临床技能大赛中荣获决赛第一名,总分第二名。

非学无以广才,非志无以成学

"苦心人天不负,卧薪尝胆,三千越甲可吞吴。"作为学生,汪涛始终将学业作为第一要务,在一次次挑灯夜读中铸就医学传奇。在繁重的临床医学课程的学习中,他不仅遵循认真踏实的学习态度,而且使用高效率的学习方法,在医学院激烈的竞争角逐中,连续三年专业成绩排名年级第一。他秉承"脚踏实地,仰望星空"的务实精神,在学业上孜孜不倦,刻苦钻研;他追寻"革故鼎新,挑战未知"的创新精神,在科研上勇往直前,不懈拼搏;他怀揣"悬壶济世,博施济众"的感恩精神,在公益上砥砺前行,义无反顾。他的理想传递着"我命由我不由天"的时代英气,他坚信梦想只要持久,就能成为现实。

他始终坚信想要成为一名合格的临床医生,必须具备扎实的理论基础以及精湛的临床技能。"让理论服务于实践,让实践检验和深化理论"是他一直秉持的从医观。尽管医学课程繁重如山,但他从未轻言放弃,不仅认真对待每一节理论课,同时也积极担任老师的得力助手,营造和谐的课堂氛围。在临床实习中,他始终恪守"把病人放在首位"的信仰,不仅能营造和谐的医患氛围,同时也通过扎实的临床技能为病人提供了本科生力所能及的救助。

"临渊羡鱼,不如退而结网"——这是汪涛同学在初进同济大学校园时立下的

本科毕业合影(左二为汪涛)

决心。五年的本科求学时间,他迎难而上,直面学习中碰到的一切艰辛,用实力越过了一个个挑战,他是同学眼中当之无愧的学霸,是老师眼中勇攀高峰的优秀青年。

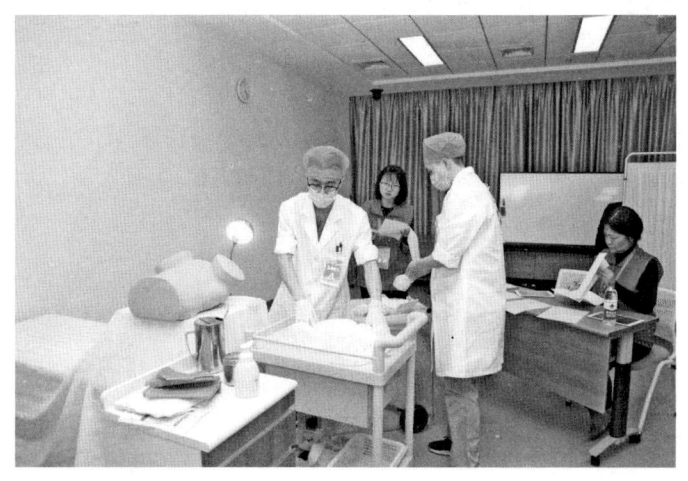

第二届上海市临床技能大赛参赛现场(左一为汪涛)

丹心未泯创新愿，白发犹残求是辉

"科学是人类进步的阶梯。"作为21世纪的新青年，汪涛在"大众创新，万众创业"的时代浪潮中找准了自己的方向。他积极培养自己的科研技能，力求在实验室中找到更多的疾病证据及治疗方法，争做一名具备科研能力的临床工作者。

在同济大学提供的平台以及本科导师的辛勤指导下，他作为负责人参加第十一届同济大学学生创新训练计划（Student Innovation Training Program，SITP），申报项目"丁酸盐促进肠上皮紧密连接重组装机制的研究"，顺利结题，并获二等奖；作为负责人参加2017年国家大学生创新创业训练计划，申报项目"小鼠子宫内膜损伤模型的构建以及干细胞移植的相关探索"，在实验室构建了与临床疾病相对应的内膜损伤模型，并通过干细胞移植的方式为寻求该病种新的治疗途径提供了实验室依据。该项目现顺利结题，获第三届同济大学创新创业论坛一等奖，代表参加第十届全国大学生创新创业年会，并受邀参加同济大学创新创业学院的采访报道。

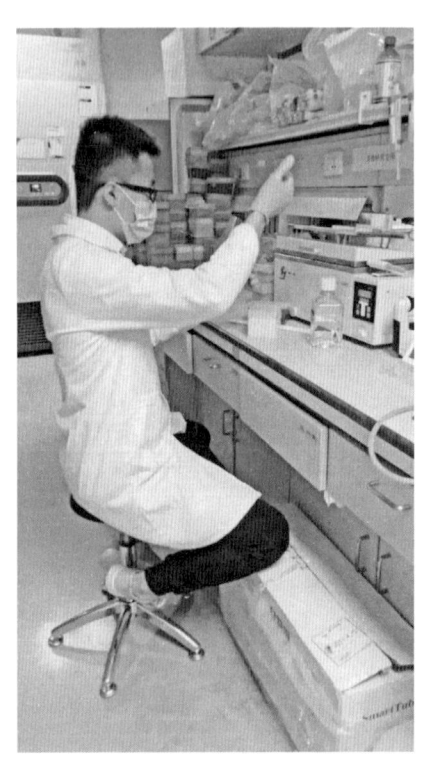

在实验室构建临床模型

通过早期的科研训练，汪涛不仅在本科阶段取得了瞩目的成绩，还为今后的研究生科研生涯奠定了基础。他成功通过医学院直博面试，希望能够在研究生阶段继续进行自己本科的相关研究，并早日将科研成果转化至临床，为临床不孕女性带来福音。

与研究生导师合影(左为孙静教授,右为汪涛)

随风潜入夜,润物细无声

"积善成德而神明自得,圣心备焉。"作为一名临床医学生,汪涛传承着同济大学"同心同德同舟楫,济人济事济天下"的家国情怀,在公益的道路上砥砺前行。尽管是渺小的个体,但他不会独善其身,时刻提醒自己不忘专业所蕴含的社会责任,为共建和谐新中国添砖加瓦。

2017年夏,他随队参加"情系定西·爱心支教"暑期实践活动,在甘肃定西福台初级中学开展了为期一周的爱心援助。通过讲解数理化等课程知识,分发在大学收集的爱心物品,讲述大学生活的种种美好经历,他为这里的贫困学子带来了属于同济人的那一份关怀与温暖,激励他们通过知识改变命运,让这片偏远但蕴含希望的土地焕发了新的生命力。该项目成果获"医学天使"优秀团队奖,泰禾"笃志践行奖"。

2018年夏,他作为同济大学资助政策宣传大使,带队前往四川省南部县开展"同心筑梦·济世中华"国家资助政策宣传活动。通过对南部县当地中学的高三学生讲解最全面的国家资助政策讯息,他鼓励每一位寒门学子不要轻易放弃对梦想的追寻,让他们相信在他们的背后是整个团结的中华民族;通过对当地教育局进行调研活动,他发现资助政策的宣传力度不足,并将调研结果反馈至同济

2017年　暑期在定西福台中学支教

大学学生事务中心，项目成果获一等奖，并代表参加上海市"十佳优秀团队"评选活动。

2018年　在南部中学进行国家资助政策宣传

他是同济大学助学服务中心的一名大学生家庭教师，在课余为中小学生进行义务授课；他是上海市唯爱天使义工联盟的一名永久志愿者，多次参与爱心义诊、关爱敬老院等活动，是一名随时待命的"公益天使"。他用行动践行着当代青年的无私奉献精神，他用爱心传递着一盏盏"至善至美"的明灯。

雄关漫道真如铁,而今迈步从头越

"踏寒冬之雪,寄杏林之花。"汪涛拥有良好的道德品质,端正的思想态度,朴实的工作作风,具备了一名优秀大学生的基本素养和良好形象;他敢于踏过凛冽寒冬,立足杏林,放眼世界,真诚对人,用心做事,具备了一名临床医务工作者的职业情怀和工作能力。

> 在同学们心目中,汪涛无疑是一面旗帜,一个众人瞩目的学习榜样。今后,他将更加努力学习,不断创先争优,将荣誉化为动力激励自己,不断提升学识修养和工作能力,仰望星空,脚踏实地,争取在新中国前进的道路上留下自己厚重的脚印。

张佳琪：追梦路上砥砺前行，让青春绽放光芒

张佳琪

张佳琪，女，中共党员，浙江绍兴人，2018级人文学院中国语言文学专业硕士研究生。曾任同济大学人文学院研究生第一党支部书记，18级研究生中文班副班长。曾获国家奖学金、同济大学优秀学生奖学金、上海财经大学跨校辅修奖学金等，并获同济大学优秀毕业生、同济大学群体工作先进个人等称号。参与多项国家、省部级课题项目，发表多篇学术论文，获"文化管理类学科第三届(2018)研究生论坛"优秀论文二等奖。

以学术为梦，笃学不倦

"造烛求明，读书求理。"张佳琪认为学习是一切的起点。她给自己设定了每日目标，要求自己每天必须向前跨进一步，"今天比昨天进步一点，哪怕只是一厘米。"

"时间总的来说是无限的，但对每个人却是有限的，一天24小时，没有人会多一分钟或少一分钟。"要在有限的时间内达成目标，需要严格地管理自己，不受其他任何事物影响，朝着既定目标不断前行。这就需要强大的自律。张佳琪对于自我的管理十分严格。她每天会用纸笔将一天的待办事项整理出来，做好详细的时间规划。她始终严格要求自己以热情饱满的态度对待学习，认真完成每一门课程的学习，培养每天阅读的习惯。她习惯没课的日子早早来到图书馆，挑一个靠窗的座位，静静地学习到闭馆。"自己一个人学习，效率就会高许多。"

"变化的时代，只有持续学习，才能保持竞争力。"在学好专业知识之余，她在上海财经大学辅修"会计学"专业，以综合成绩排名第二的成绩顺利毕业，获得了跨校辅修一等奖学金。此外，她还参加了同济大学与台湾中华大学联合举办的2017创新太平洋移动教室等活动。"不断学习各种知识、技能，完善自己的知识体系，一点一点地进步，不求贪多。"

大四的时候，张佳琪获得免试攻读研究生资格，成为中国语言文学专业的研究

生,真正开始踏上了学术成长之路,参与了"基于技术与制度协同创新的文化产业跃迁机制与国家治理能力研究"国家基金面上项目、"数字创意产业类众创空间的孵化创新能力研究——以上海为例"等省部级项目。"要想比别人优秀,就要比别人付出更多的努力。"她虚心向学,脚踏实地,始终把学习放在主位,已在《出版广角》《中国国情国力》等国家级、省级刊物发表学术论文8篇。

以实践为翼,奋发有为

"不囿于课本,不桎于课堂,最好的研学在路上。"因此,张佳琪积极寻求机会锻炼自己。在专业课程中,张佳琪坚持在校内校外进行实地调研以获取最真实的数据。在学习之余,她积极参加学院、学校和社团的活动,不断充实自我,提升自己的价值。

"很多事情只有实践了,才能获得真正的感悟。"说起第一次做SITP创新项目,张佳琪感慨颇多。针对当时出现的网络中医信息以偏概全、以讹传讹、以假乱真等一系列问题,张佳琪申请了名为"中医文化传播方式探究——以上海地区为例"的项目。这个项目需要以跨学科的视角进行研究,所以在选择小组成员时,张佳琪联系了文化产业管理专业、医学院以及数学系的同学。

"实际操作中困难重重。"如何科学设计问卷、如何有效采访、如何撰写调研报告……一系列问题随着项目进程凸显出来。"个人的力量是有限的,团队的力量是无限的。"项目组成员专业不同,所擅长的方向也不同,每个人都发挥所长,通过实地采访上海居民以及专业中医,发放上千份纸质问卷,全方位了解中医文化传播的现状,最终开发出一个合理、可信、人性化的传播中医文化的软件。

"青春最大的幸运,莫过于个人目标与国家命运同向而行。"实现中华民族的伟大复兴需要传承发展中华优秀传统文化。张佳琪注意到了当今优秀传统文化影响力消解、人文素养缺失的问题。"文创产品给了传统文化一副'青春面孔',将传统文化中那种深层次的美和年轻人所喜欢的轻松有趣的形式很好地结合在一起。"自台北故宫博物院"朕知道了"胶带问世,类似的文创产品已经延伸到整个文博领域,满足了年轻人"生活美学化"的需求。但是如何沉下心来去学习优秀传统文化,真正从传统文化中感受到力量呢? 在张佳琪看来,在中华优秀传统文化的传承与推广上,"青年学生是守住优秀传统文化根脉的主力军"。她与哲学系的同学成立了"贞元学社",以易学文化为立足点,通过开展读书会等活动,研究中国古代思想与文化,增进传统文化的亲和力,将弘扬中华优秀传统文化落到实处,为文化自信增加底气。

以公益为窗,传递温暖

"人生活在一个有氧的环境里,燃烧是一种氧化,生锈也是一种氧化,而我选择了燃烧。"于张佳琪而言,大学里一定要做的事情,便是志愿服务。

"大一的时候我就加入了同济红十字会做志愿者。"在校红十字会,张佳琪学到了止血包扎、心肺复苏、海姆立克急救法等技巧,为之后的志愿服务打下了坚实的基础。

"真正长期做志愿服务是从大二开始的。"一次偶然巧合,张佳琪通过学校的志愿者平台加入了上海市天阶社区中心的天阶家教项目。"天阶家教活动在上海开展将近十年了。"张佳琪介绍了这个项目的背景。随着城市化进程的不断发展,在繁华的城市背后,这样一群孩子越来越多:他们大多是小学生,跟随务工的父母来到这里,被这个时代称为"流动儿童"。他们在学习和成长的过程中或多或少地存在一些困难,却不能及时从父母那里获得帮助。天阶家教项目就是针对外来务工人员子女教育开展的支教活动。

"作为志愿者,其实能做的并不多。"张佳琪利用每周日的时间进入闵行区、青浦区等流动儿童聚集区,义务辅导孩子们的文化课,同时和孩子们建立相互信任的友谊关系,保证他们得到足够的关注和沟通。

"让志愿服务成为一种习惯,它就能变成一种力量。"志愿者虽然不可带给他们知识上的飞跃,也无法许给他们美好的明天,但能够在思维方式、见识眼界、品性人格层面提供帮助,教会小朋友如何面对挫折,为他们种下梦想和希望的种子。通过义务家教的开展,更多社会爱心人士和组织机构开始重视上海外来务工人员子女的教育问题。

此后,从学校博物馆"敦煌壁画艺术精品高校公益巡展"的讲解员到上海科技馆的志愿者,从环浦东骑游大会志愿者到世界人工智能大会志愿者,张佳琪始终积极投身志愿服务,践行志愿者精神。

"有一种快乐,你没有拥有就不知道其中的纯粹。"张佳琪直言做志愿者的快乐简单而纯粹。"我们常常无法做伟大的事,但我们可以用伟大的爱去做些小事。"在志愿和公益的路上,她会以自己的真诚和热忱去温暖遇到的每一颗心灵。

"始三月,正当青春年少。"张佳琪说,她会把梦想作为前进的方向和动力,不悔过去,不惧未来,不负当下。

张恒锐：寻找合适、热爱并能为之奋斗一生的事业

张恒锐，男，中共预备党员，湖南娄底人，2017级土木工程学院建筑与土木工程专业硕士研究生。硕士期间曾发表SCI论文3篇、EI论文1篇、专利以及软件著作十余项，曾获2018年、2019年国家奖学金。

张恒锐

追寻曾经的科研梦

"记得高中那会儿，我希望成为一名生物学家，去探索、解决现代医学的难题，虽然现在所学专业不一样，但是我依旧希望能成为一名出色的科研人员。"和很多刚入学的研究生一样，张恒锐已经迫不及待地展望自己的科研之路了。

从"0"到"1"，迈出第一步才是最难的。科研工作需要长时间沉淀，需要大量的积累才可能有所突破与创新，一个简单问题可能就会花费大量的时间，这对于积极性的打击很大。"在这个过程中，导师给了我很大的帮助，我无疑是幸运的。"随着研究内容的不断深入，张恒锐成长得非常快，科研进展非常顺利，但不安分的内心总是希望去尝试更多新鲜的事物，这不仅是不断认知世界，更是认知自我的过程。

"有人说兴趣是最好的老师，但是兴趣很多怎么办？而且都是很感兴趣的那种。"他回忆起当时内心的纠结，笑着说道。

"同一类事物大多有着相同的内在逻辑，我享受一切解决问题的过程，如享受调试代码一般，每一次尝试，都离目标更近了一步，与科研无关，虽然我曾以为这种感觉是它独有的。"于是，他选择研究生毕业直接工作，但从事什么样的工作又是一道难题，专业本身对口的方向就那么几个，身边的同学大都选择去地产行业实习，迷茫伴随着焦虑和压力袭来。而在他分析了各专业对口方向的发展前景、个人

发展的空间以及性格的匹配程度、反复权衡之后,他决定转行。

组装实验装置

投身转行的大浪潮

"我喜欢什么?想要什么?我尝试保持内心的理性,却抑制不住内心的躁动与不安,尤其是你身在上海,金融中心,房价你又不是不知道,什么工作非常热门,想必大家也都是知道的。"关于计算机和金融之间的选择,张恒锐纠结了一段时间。作为一名工科生,其实他还是非常倾向于从事一份技术性的工作,但计算机的系统学习需要投入的学习时间非常多,本身科研任务紧的情况下,他选择一条自学教材和考证并行的转行金融之路。

"人的潜力真的是无穷的,暑假在写 SCI,9 月份参加数学建模,国庆给同学当导游,考试前三天才开始刷题,但是 CPA 会计还是考过了。不要找任何借口,如果下定决心那就去做吧。"在考过证券从业资格之后,他选择行业研究作为第一站,但回过头看也是最后一站。

"工作就像围城一样,只有进去了,才知道里面的门道。我喜欢和实习的小伙伴交流,从中了解到的信息和之前预想的并不一样,我能看到分析师们的工作和生活状态,那的确让我非常失望。"虽然这是一段失败的经历,但是他还是有些东西想和大家分享,他并不推荐将考证作为一种转行的方式,因为钻得太深、成本太高,去别的行业实习并没有大家想得那么难,建议大家先去实习,然后再决定是否考证。有的人喜欢光鲜靓丽的生活,有的人喜欢简单实在的生活,没有对与错,只有适不适合,趁着还有时间大胆地去尝试,只有经历过才会懂得是否合适。

寻找合适、热爱并能为之奋斗一生的事业

"直面内心是非常困难的,尤其是没有经历过之前。这段实习之后,我的内心变得平和了,好像自己也没有那么缺钱,好像自己更向往平凡而普通的生活,平时帮助他人解决一个小问题便能开心一整天的我,也许并不适合太过功利的职业,突然觉得政府和学校非常适合我,而这些工作我以前是非常唾弃的。""找一份工作,不要别人觉得,而要自己觉得,觉得自己是在享受工作,而不是机械般地完成任务,让内心充实,才是真正富有的生命。"

为了验证自己的想法,张恒锐决定放弃其他的实习机会,参加2019年暑期"同行计划",结合自身的经历,他选择了审计局。"单位里的氛围非常好,好到我希望能够帮助他们建立一个法规数据库,以解决数十年来法规查找难的问题,回学校爬数据经常搞到12点,真的很累,但是真的很快乐。小伙伴们太棒了,下着大雨还在拍摄视频,鞋子全湿依旧在剪辑视频,最后取得了不错的成绩。"那种笑容在回忆时是抑制不住的。

"寻找合适、热爱并能为之奋斗一生的事业,可能是人生中最幸福的事情之一。""考虑过成为一名教师,也许生活会简单而快乐,但是我最终还是放弃了,我不确定能否在一届一届重复的教学中坚持下来,也许我还是那个有着更大梦想的我吧,我可以为社会做更多的贡献,去帮助更多的人,去尝试更有挑战性的工作,于是我的脑海中萌生了一个想法——一项伟大的事业:为社会主义现代化奋斗终身。在十九届四中全会后,我觉得为推进国家治理体系和治理能力现代化贡献力量更加实在吧。"

2019年年底,张恒锐参加并通过广东选调的选拔,而这仅仅是开始。作为一名共产党员,他希望自己能永葆初心,真正地为人民谋幸福、为民族谋复兴。

新冠疫情横扫了全球,作为一名关注经济动态的人而言,"世界百年未有之大变局"不断出现在他的聊天记录中,接下来的几十年将是实现民族复兴的绝佳机会,但是百年变局谁也不知道会怎么走,只有一代甚至是几代人的共同努力才能汇

聚成磅礴的力量。他希望有更多的机会将这种想法传达给大家：无论从事的是什么行业，都希望大家能站在更高的出发点，在自己的领域为祖国的伟大复兴贡献力量。

参加"同行计划"

"在尝试中认知自我，在尝试中不断成长，寻找合适、热爱并能为之奋斗一生的事业，这可能是我研究生生涯最大的收获。"

栾培培：医研结合，追逐梦想

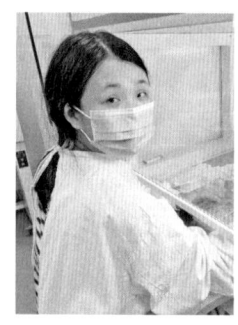

栾培培

栾培培，女，共青团员，河南洛阳人，2018级内科学专业博士研究生。在读期间参与国家自然科学基金研究两项，以第一作者身份在 Nature Communications 和 FASEB J 等国际权威杂志发表 SCI 论文各一篇，累积影响因子 17.3 分；以共同作者身份发表论文若干篇。多次参加学术会议并进行大会发言或壁报交流，汇报内容多次获得优秀论文奖励。硕士毕业时曾获得校优秀毕业生称号，博士期间获得新生国家奖学金和博士研究生国家奖学金等。

因为热爱，所以选择

"小学时，老师让我们每个人写下自己的梦想，还记得年幼的我写的是成为一名科学家，长大后，却成了一名医学生。"从小就喜欢动手、满肚子疑问的她，在班级中一直是老师眼中问题最多的那个。高中毕业填报志愿，她却懵里懵懂地选择了学医而放弃了心心念念的理工科。然而她进入大学之后竟发现医学与科研的碰撞原来也是那般强烈，从临床疾病出发提出科学问题，再在解决科学问题的过程中回馈于临床，从此她发现了新的天地。

"进入医学院我才发现，原来医生个个都是科学家，而且是最酷的那种，因为他们研究和解决的是人体的问题！"栾培培这样回忆起第一次进入临床、接触病人时的心境。比起想象中枯燥重复的工作，门诊的工作其实充满了挑战，因为病人即使患的是同一种疾病，具体到个人身上情况也各有各的不同，需要因人而异地制定最合适的诊疗方案。

"本科时有一次在儿童保健门诊实习，带教老师接诊了一名 5 岁的男童，症状表现是纳差、腹痛、乏力，近半年来学习能力也有下降。经过一系列检查，男童被诊断为慢性铅中毒。带教老师告诉我，其实在上海每年都会接诊到一些重金属中毒的儿童，他们的实验室正在开展一项全上海 0～5 岁儿童血液重金属含量的检测，研究结果可以帮助了解上海市儿童体内重金属水平以及摄入途径，从而为家庭预防、社区科普以及临床诊断提供宝贵的参考资料。老师问我有没有兴趣参加,我非常高兴地同意了。这是我第一次接触科研,也是第一次切身感受到医学和科研的密不可分。"

想象中高大上的科研,其实真正参与起来所做的工作非常烦琐。涉及几十个社区、数千名儿童的调研,需要收集每名参与者的问卷信息和血液。包括栾培培在内还有十几名实验室的研究生参与,大家分工合作,她和小伙伴们经常需要熬夜录数据、处理血液标本。虽然枯燥,但是大家热情都很高涨。

因为了解,所以执着

有了这次流行病调查的经历,她更深入地了解了科学研究的日常,没有想象中的"高大上",大多时候其实是锲而不舍的付出和坚持,当然,收获的喜悦更是喜人的。这更进一步坚定了她在这条道路上走下去的决心。

像许多热爱科研的同学一样,她在硕士和博士升学时都坚决选择了读科研型的。"一入科研深似海。"如果说她之前只是以参与者的身份接触了一点皮毛,现在她就是真的把科研当成了自己的主要任务和使命。由于实验的不确定性,同样的实验通常需要重复多次才能得出可靠的结果;实验的时间也常常难以完全把控,她经常需要加班加点到晚上,赶末班的地铁回宿舍。对于一些不可中断的实验,可能周末节假日也要加班。谈及付出,她并不觉得辛苦,反而觉得沉浸在实验室是一种莫大的乐趣。"搞科研的人必须要耐得住寂寞,能把这种寂寞当成享受就更好了。"

"做科研不是单打独斗,也不能闭门造车,需要整个团队的协作,也需要与同行交流。"在接受采访时,比起她自己,她反复强调课题完成过程中一整个师生团队的共同参与,相互协作,成果绝非一个人的。她热爱这个融洽的集体,没有师兄师姐的手把手教导,她可能连最简单的PCR都不会;没有导师的悉心指导,她就没有了最重要的指路明灯。

不论哪一行,同行间的交流都很重要,学术研究更是如此。她每年都参加医师年会,还作为优秀论文得奖者汇报自己的课题,吸取同行专家的意见。

她在两年时间内顺利完成了自己的第一个课题,文章顺利发表。一个课题结束了,不代表研究就结束了,她紧接着又和导师一起筹备下一个课题,为博士进阶做准备。

在第十一届东方内分泌—糖尿病会议上做主题报告

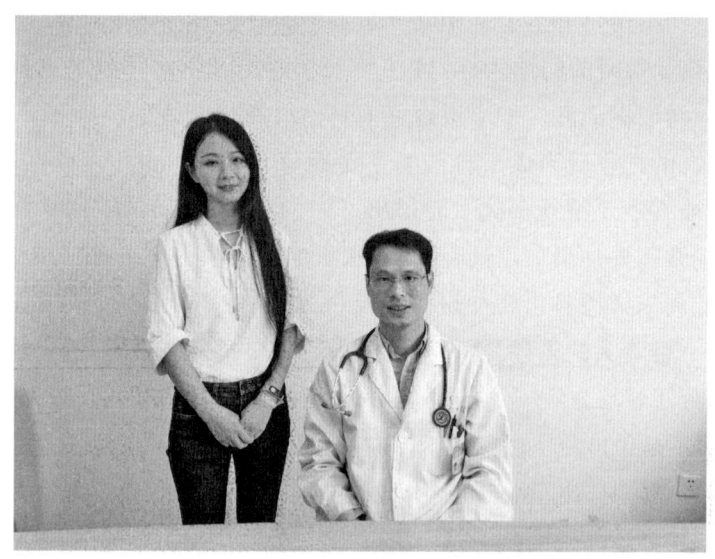

与导师合影

脚踏实地,追求卓越

无数个在实验室忙碌的日日夜夜,终于让这个较真的姑娘品尝到成功的喜悦。"做科研必须要严谨,小到一个细胞,一微升液体,往往失之毫厘就会差之千里。"在这个修炼的过程中她当然会遇到很多问题,也犯过许多错吃过许多亏,正因为如此,她才会说"做科研不仅要异想天开,更需要脚踏实地"。

栾培培希望将来能继续满怀热情,坚持在医学和科研的道路上走下去,将临床学习和科研结合起来,相互促进,成为一名医研结合的"硬核医生"。

高钰圣：脚踏实地，仰望星空

高钰圣

高钰圣，男，共青团员，上海人，2017级物理科学与工程学院应用物理专业本科生，任班长、同济大学舞龙协会会长。曾获2017—2018、2018—2019两学年国家奖学金，获评2017—2018学年同济大学优秀学生。本科阶段，接连斩获第五届全国大学生物理实验竞赛基础性实验一等奖（第六名）、全国部分地区大学生物理竞赛一等奖、第十届全国大学生数学竞赛（非数学类）三等奖、第十届上海市大学生数学竞赛（非数学类）三等奖、上海市大学生物理学术竞赛三等奖、同济大学数学竞赛一等奖等荣誉，并在2018—2019学年，获得同济大学优秀学生标兵的光荣称号。

千里之行，始于足下

"上下未形，何由考之？冥昭瞢暗，谁能极之？冯翼惟象，何以识之？"物质的生灭与演化引发人类无穷的遐想，也激发了高钰圣对物理的好奇，他笃定了决心，此身此心，格物穷理！他下苦功夫钻研，花长时间求索，路漫漫兮，求实求是。"千里之行积于跬步。"他认真学好每一门课，从最基本的事情开始，为在学术道路的长足发展打下坚实的基础。面对学术，他专心致志，切磋琢磨，眼前只有冰冷的仪器与数据，耳边是键盘的"啪嗒"，他无暇窗外鸟语花香，要防误差、防静电、防手抖，他投入公式积微开乘，要左右消元反复横跳，于是乎——全国大学生物理实验竞赛基础性实验一等奖、全国部分地区大学生物理竞赛一等奖、第十届全国大学生数学竞赛（非数学类）三等奖、上海市大学生数学竞赛（非数学类）三等奖、上海市大学生物理学术竞赛三等奖……

云开月明。也许这是一个"一日看尽长安花"的故事，但对高钰圣而言，却只是万千幸运儿中的一个幸运儿夜以继日、日以继夜苦读的故事。昨日辛欢已入梦而去，他转身又是崭新的一日学习科研。

脚踏实地，仰望星空

中国特色社会主义进入了新时代，给每个青年提供了广阔空间，鸟飞鱼跃，会当击水三千里。高钰圣自有新青年科技报国的豪情，然而，在高速革新的信息时代，在中美贸易摩擦将关键技术自主创新的重要性残酷点出的当下，纂就前绪，而厥谋不同。为适应科研理论与方式的变化，他逼迫自己阅读刊物、追赶物理前沿，在与导师的多次沟通交流当中为自己的学习生涯设立规划，深入学习数学基础的同时加强编程训练，将纸上得来的计算机深度学习转为实际的磨砺，为未来交叉运用学科知识，在学术道路攻坚克难夯实地基。

在实验室学习迈克尔逊-莫雷干涉仪实验

金曰何忧，何不课行？高钰圣深知计算机技术对物理学科造成的极大影响，故而及时调整发展方向与策略，去追逐无限变化的未来。

文明其精神，野蛮其体魄

习近平总书记说："学到的东西，不能停留在书本上，不能只装在脑袋里，而应该落实到行动上，做到知行合一、以知促行、以行求知。"

除认真钻研他所喜爱的物理，高钰圣也热望着在社团活动中闪耀光芒——在同济大学庆祝中华人民共和国成立70周年晚会上，他带领同济大学舞龙社团演出节目《我们的新时代》。此外，他作为社长，充分履职，一丝不苟，带领舞龙社团在训练场挥洒汗水，在赛场释放当代大学生的激情。在他的带领下，上海市学生龙文化全能赛舞龙自选高校组一等奖、龙狮传统高校组一等奖、上海市"江桥杯"龙狮精英赛三等奖等诸多胜果被一一拿下！

除却琳琅满目的荣誉，他也在舞龙实践中思索如何发出中国声音，他说："我们结合了传统舞龙表演与现代的光影，带给观众突破传统的震撼，唤醒了观众对于传统文化的关注，对于传承中华民族'忠义，崇礼，自强'的民族精神的关注。"

2018年年底组织并参演枫林节闭幕式表演（上排左二）

信仰与实践，星辰与大海

同学们对高钰圣的优秀总是表示羡慕，但他并不满足于自己所取得的这些成绩，他认为作为班委，带领全班一起进步是他义不容辞的义务。他在平时生活中会主动回答那些需要帮助的同学提出的问题，并耐心地开展辅导，牵头组织学习小组。他还积极响应老师号召辅导班级里高数不及格的同学。

"我相信达则兼济天下，只要贡献一点绵薄之力，就能让同学们有所提升，减少他们的困惑，实现共同进步。"

少年的志向是星辰大海，高钰圣坚定着自己物理报国的信念，脚踏实地蓄积力量。思想态度端正、道德品质良好和工作作风朴实，他无疑是一面旗帜，一个令人瞩目的学习榜样！

龚 锐：不忘初心，扬帆远航

龚锐

龚锐，男，共青团员，四川成都人，2016级海洋与地球科学学院地球物理专业本科生。曾担任同济大学海洋与地球科学学院学生会主席。曾获国家奖学金、刘光鼎地球物理奖学金、上海市奖学金、同济大学本科优秀学生奖学金一等奖、同济大学地球物理奖学金、同济大学优秀学生标兵、同济大学优秀学生、2018年全国大学生数学建模竞赛上海赛区二等奖、2018年第十届上海市大学生计算机应用能力大赛优胜奖等奖项与荣誉。

亲历灾难，于是明确初心

2008年5月12日，在四川省汶川县发生了一场8.0级大地震，惊动了全世界，也牵动着13亿中国人的心。来自四川的龚锐，小时候经历了这场巨大的灾难。当年，他前往四川彭州灾区帮助受灾群众，眼前一幕幕的景象至今令他难忘。地震无情但人间有情，从那时起，他便早早地立下志向，要在地球科学的世界里上下求索，做好为国家为人民奉献自己的准备。

"经历和见证过地震毁掉那一切的时刻后，我要用地球科学的知识帮助祖国和家乡人民将一切重拾。"

以梦为马，挥鞭启程。龚锐通过不懈努力，成功考入同济大学海洋与地球科学学院，就读地球物理学专业，正式开始了对地球科学的探索。

提起龚锐，认识他的人总会说，他是一个忙碌的人，而用他的话说，自己是一个充实的人。在他的大学生活中，他能够在各方面严格要求自己，努力使自己成为一名德、智、体、美、劳全面发展的优秀大学生。

"作为学生，学习就是第一要务。"龚锐如是说。他相信天道酬勤，只要努力就能使自己进步，只有努力才会让自己满意，只有努力才算坚守住了学习地球科学的初心。为此，他一直努力勤奋学习，请教师长同学，刻苦耐心钻研。在他的身上，努力的确有所回报。他学习成绩优异,态度认真踏实,大学所有思政类课程和专业类课程成绩全部优秀,前七学期平均绩点 4.96(满绩为 5),曾获三次满绩,位列专业第一。正因如此,他获得了国家奖学金、刘光鼎地球物理奖学金、上海市奖学金、同济大学本科优秀学生奖学金一等奖、同济大学地球物理奖学金等诸多奖项。

钩深致远,于是刻苦钻研

取得优异成绩的同时,龚锐仍然踏实低调,勤奋拼搏。为了更好地提升自己,他与学院同学一起积极参加了计算机、数学建模等各类型竞赛并获得了 2018 年全国大学生数学建模竞赛上海赛区二等奖、2018 年第十届上海市大学生计算机应用能力大赛优胜奖等奖项。

为了锻炼自己的创新能力和科研素养,龚锐还参与了同济大学第十三期大学生创新实践训练计划(SITP13)中的项目"东海陆架盆地致密砂岩数字岩芯技术岩石物理建模"。龚锐介绍说,该项目利用数字岩芯技术建立东海陆架盆地致密砂岩的岩石物理模型,并为东海致密砂岩的储层刻画提供指导。该项目现已结题,综合成绩位列全院第二。

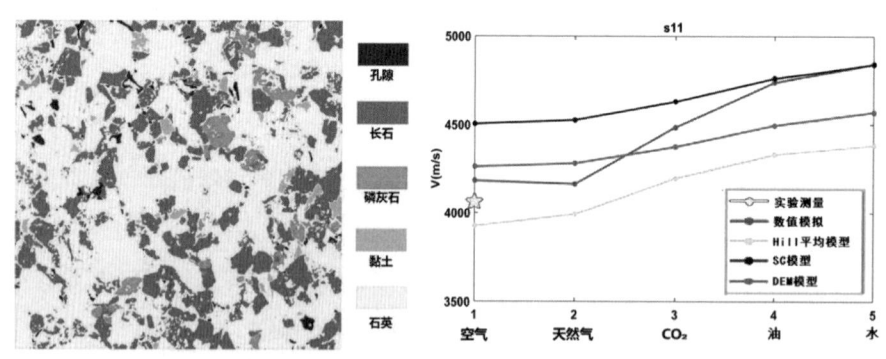

2018 年至 2019 年参与的创新项目数字岩芯结果展示

为期一年的项目给予了龚锐许多收获,在他看来主要包括以下两个方面:首先是创新思维的整体提升,在已有的知识层面上进行陌生知识的发现、探讨到实现,不仅仅是学习难度的提升,更是创新意识的培养;其次是在整个学习中,团队的合作素养、交流与同进退的协作工作能力也不断让他意识到团队合作的重要性。正是因为项目指导老师的悉心帮助和小组成员的辛勤付出,项目成果还在2019年10月于北京召开的中国地球科学联合学术年会上以会议口头报告的形式呈现出来。

2019年10月　前往北京参加中国地球科学联合学术年会

"地球科学路漫漫,我仍将上下而求索。"龚锐说。每次经过海洋楼,门口石碑上刻写的"钩深致远"四个大字都在向他展示同济海洋人的求索精神,鞭策着他坚定地走向地球科学研究的深处。在学校和学院的辛勤培养下,他更加立志要成为符合时代和国家未来发展需要,具备坚实的基本知识和专业理论、完善的人文素质和科学素养,能够把握学科前沿并综合运用专业和多学科的知识理论和科技手段来研究与解决地球科学问题,具有社会责任感、扎实的基础、创新意识、实践能力和国际视野的社会栋梁。

乐于奉献,于是日臻美好

龚锐不仅在思想上"充电",更在行动上"加油"。除了提升自己的理论素养外,他还积极参加党、团、班组织的各类实践活动,所在团支部获得了2017—2018学年同济大学五四红旗团支部标兵称号。龚锐认为,青年学生就应该将爱国铭刻在内心深处,将个人命运同国家命运紧密联系在一起。他观看红色诗剧体会精神传承,前往龙华烈士陵园追寻先辈足迹,参加升旗仪式凝聚奋进力量。龚锐在实践初心的过程中,不仅汲取到了精神动力,而且更加明确了自身的责任与使命:努力学习,坚定信念,振奋精神,在新时代有新担当新作为,为实现中华民族伟大复兴的中国梦,为祖国的未来奉献自己的力量。

2019年11月 参加学院第十八次学生代表大会

作为扬帆志愿者服务中队的一员,龚锐积极参加"拾贝课堂"志愿服务活动,前往同济小学进行海洋科普宣讲。我国著名的海洋地质学家、中国科学院院士、同济大学汪品先教授在参加完南海深潜时曾说:"这趟海底旅程,真像爱丽丝梦游仙境,我刚从仙境回来。""海"不仅仅指南海,更指的是整个知识的海洋。作为海洋学院的一员,龚锐秉承"学习海洋精神 传播海洋文化"的理念,给小学生们带去了神秘的海洋世界,而小学生们也用他们渴求未知知识的眼神感化着他,鞭策着他在地球科学的研究领域不懈努力。

"服务同学就是服务自己、管理自己和教育自己。"龚锐这样形容学生工作。他尊敬师长,团结同学,甘于奉献,作为学院学生会主席积极投身到学院建设之中。龚锐具有强烈的集体荣誉感,热心组织并参与了学院围绕"五好"教育开展的各项活动。从主题团日到学术沙龙,从海洋嘉年华到趣味运动会,从破冰素拓到迎新晚会,学院上下都能看到他忙碌的身影。

> 来自四川,亲历汶川大地震的灾难,龚锐立志钻研地球科学,用扎实的专业知识与高度的服务意识,为国家为人民奉献青春。品学兼优是责任,全面发展是追求,服务大众是信念。龚锐希望自己能与大家一起在青春梦与中国梦的交相辉映中,在中华民族伟大复兴的接力跑中,留下自己的青春印记,不忘初心,扬帆远航!

魏俊杰：不忘初心，逐梦储能

魏俊杰

魏俊杰，男，中共党员，浙江嵊州人，2015级化学科学与工程学院博士生。读博期间在 Adv. Mater. 等知名国际期刊上发表 SCI 论文 13 篇，发明专利一项。曾荣获博士研究生国家奖学金、同济大学亨斯迈聚氨酯奖学金（特等奖）、上海市"科创杯"发明创新三等奖、"挑战杯"同济大学校内选拔赛一等奖、"创青春"全国大学生创业大赛同济大学校内选拔赛银奖等奖项，获评同济大学"学术先锋"、同济大学优秀学生标兵、同济大学优秀学生等荣誉称号。

夯实基础，展望未来

"万丈高楼平地起，而做科研的基础就是要对本领域的理论知识、研究现状以及研究方法等有全面的了解和深入的学习。"本科毕业后，魏俊杰选择了本校直博，继续留在王启刚教授课题组完成本科毕设时未完成的凝胶电解质研究课题，从此真正踏上了科研道路，为推动储能材料的发展进步贡献自己的力量。

在本科做研究时，魏俊杰已经充分认识到基础理论知识和大型仪器操作的重要性，同时也发现自己在这些方面的不足，所以他早早地制定好了博士期间要学习的课程，深入学习电化学、能源化学等学科的基础理论，掌握常用研究设备的原理和使用方法，为未来的科学研究打下扎实的基础。

除了学院内的这些相关课程外，魏俊杰还利用联合国环境规划署—同济大学环境与可持续发展学院免费开设的"可持续发展辅修专业"的机会，辅修了绿色建筑与可持续发展专业，通过交叉学科的学习来激发自己的研究灵感。"辅修课程的学习虽然很累，几乎占据了我所有的周末时间，但收获也很多。"通过辅修，他对可持续发展的理念有了更深刻的理解和认可，绿色能源材料在建筑上的应用和需求让他坚定了研究储能材料的决心，现有节能材料的特性更是让他的课题找到了新的突破点。"我的结晶型凝胶电解质课题的灵感就有部分源于绿色建筑中使用的相变储能材料。"

"永远都不要停下你学习的脚步。"为了了解储能材料领域的最新研究进展,跟上学科的发展步伐,魏俊杰经常参与相关的国内外学术会议与交流活动,学习大牛们的研究思路,掌握最新的研究动态,吸收和借鉴其中的有益部分来完善自己的研究方案。

2016年10月　赴日本横滨国立大学参加学术交流

扎根课题,潜心钻研

储能材料是一个非常热门的研究领域,每天都有大量的相关工作成果被发表,这也意味着竞争的激烈。但魏俊杰对此的担心和忧虑都是短暂的,在担心过后,他能很快调整好心态,继续将精力全部放在自己的研究课题中,埋头努力,潜心钻研。"与其忧心忡忡,还不如努力干活呢。"在他看来,竞争压力也是一种动力,更是一种助力。"凭一己之力就能推动科学发展的人毕竟是极少的,我们必须站在前人的肩膀上,很多工作都会对我们的研究方法和研究思路产生帮助。"

科研并不是一帆风顺的,与所有的科研工作者一样,魏俊杰在实验中也遇到了各种各样意想不到的问题。"科研本就是探索未知,出现意外总是难免的,尤其是刚接触一个新实验的时候,由于经验不足,意外会层出不穷。"小到样品毁了,仪器失灵,大到实验结果难以重复,结果与预期不一样,甚至完全相反,然而这些困难并没有让他退缩,反而成了他前进的阶梯。"要坦然地迎接它,然后分析它,最终战胜

2017年6月　赴长沙参加中国(国际)能源材料化学研究会

它。"通过分析总结,他不仅在之后的实验中最大限度地规避了这些意外,甚至化不利为有利,在意外中发现了惊喜。"意外结果并不都是坏的,科学史上很多发现都要归功于'意外'。"在一个溶解PVA高分子的实验中,他发现很难将PVA溶解在高浓度的盐溶液中,这个意外一度打断了他的实验进程,但他也因此发现了盐溶液的Hofmeister效应在制备高强度凝胶电解质上的潜在应用,由此研究出了基于Hofmeister效应的高强PVA水凝胶电解质,并首创了能有效改善固体电解质/电极界面性能的两步原位组装法。"所谓的意外和失败只是在现有思路和框架中的意外和失败,只要换个角度,它们完全有可能成为惊喜。"

经过几年的研究,魏俊杰在相关领域取得了诸多成果,申请了发明专利一项,更是在 *Advanced Materials*、*Nature Communications* 等国际期刊上发表SCI论文13篇,其中第一作者5篇,累计影响因子达到147.049。他在各类评选中荣获同济大学"学术先锋"、同济大学"优秀学生标兵"、同济大学"优秀学生"等称号,并获得了博士研究生国家奖学金、同济大学亨斯迈聚氨酯奖学金(特等奖)等奖励。

"作为基础研究,虽然我的工作对实际的生产生活或许不会立刻有什么直接作

部分研究成果与获奖证书

2019年12月 同济大学"学术先锋"颁奖仪式

用,但我为未来的研究提供了一种新的思路,为未来的发展增加了一种新的可能。"习近平总书记教导我们要有"功成不必在我"的精神境界和"功成必定有我"的历史担当,魏俊杰正和其他科研工作者一起践行着这一科研理念,为科学发展贡献着自己的力量。

挑战自我,砥砺前行

在攻关课题之余,魏俊杰也会积极参加各类科研竞赛,拿着自己的研究成果与校内外的其他同学同台竞技。他的科研竞赛之路起始于本科期间参加的同济大学第一届"卓越杯"大学生科技创新竞赛。"那是我第一次现场答辩,虽然结果不是很理想,但我积累了经验,还发现了课题中许多容易忽略的细节,明白了改进的方向。"

2019年5月 "挑战杯"作品校内展览

秉持"功成不必在我,功成必定有我"的理念,魏俊杰致力于紧跟储能材料国际发展前沿,不忘科研初心,勇做青春逐梦人。在一次次的竞赛中,他带着他的作品一起成长,并取得了优异的成绩。他和他的团队先后荣获了同济大学"五月科技节"创新竞赛优胜奖、"挑战杯"同济大学校内选拔赛一等奖、上海市"科创杯"发明创新三等奖等奖项。

除了科研创新竞赛,魏俊杰对创业竞赛同样有着浓厚兴趣。"创业竞赛能让我清楚地知道自己的研究离现实还有多远。""创业竞赛与创新竞赛不同,它更关注成果的实用性和计划书的可行性。"虽然他做的是基础研究,但他也希望自己的研究成果能更贴近实际生活,具有成果转化的潜力,这也正是他参与创业竞赛的目的。他曾获得"创青春"创业大赛同济大学校内选拔赛银奖,还得到了同济创业谷第三期梦想助力基金的基金支持。

> 择一事而终一生,魏俊杰希望自己能不忘初心,一直坚持在探索储能材料的科研道路上,能真正地为推动科学进步、促进社会发展作出一些力所能及的贡献。

青年领袖

严以运筹,拓以致新

邓欣凌：大类招生模式下的新生干部的机遇、挑战与成长

邓欣凌

邓欣凌，女，共青团员，四川成都人，2018级软件学院软件工程专业本科生（由新生院工科试验班转入）。曾任同济大学第四十届学生委员会委员，大一期间曾任新生院学生会主席、新生院学生兼职团委副书记、班长等职务。曾获同济大学优秀学生奖学金、同济大学本科生社会活动奖学金；曾获评同济大学优秀学生干部标兵称号。曾负责组织策划新生院第一届迎新晚会、新生院第一届启航典礼、第一届学术嘉年华、"暖通·建环·德国卡普曼"杯足球赛等大型活动。曾入选新生院"AI—世界与未来"访美学术交流项目，赴美国硅谷圣何塞州立大学访问学习。

全新的学院、全新的组织，从"0"到"1"的开拓

初进大学校园的邓欣凌怀着对大学学生组织的好奇和向往参加了新生院组织的院会招新宣讲。新生院是一个全新的学院，是一个崭新的开始。"宣讲会上老师说：'服务他人是学生干部的第一准则，如果你只关心个人发展，那建议不要报名。'这句话让我感受到一种很正很纯粹的能量。"回想起招新面试那天傍晚在瑞安楼前小河边反复练习自我介绍的场景，邓欣凌说她从没想到那就是这段奇妙旅程的开始。

那是新生院的元年，是学校在大类招生模式下的第一次尝试。而对于新生院的学生会而言，整个组织几乎全是大一的新生，从"0"到"1"的开拓既简单又困难。"简单在，从老师到学长们再到我们每一个人都充满了热情和斗志，互相协作、共同成长，决心把第一届的根基打牢实；而困难在于，这样一个为新成立的学院服务的全新的组织，没有工作范式、没有工作基础，连一份可供参考的活动策划书都没有，所有的工作都是从0开始。"

前期开拓少不了很多琐碎繁杂的工作，但在这从无到有的浩大工程中，她感受到的是开拓者的快乐和满足，是和伙伴们一起并肩作战的幸福感和荣誉感。部门

成立后的第一件大事就是组织召开第一次全员大会。策划案改了一遍又一遍,不明白的地方虚心向学长请教,流程反复确认,细节再三检查。直到她上台将被授予的团旗高高扬起的时候:"一切都值得,我们做到了!"

新生院学生会第一次全员大会

"这是一个全新的学生组织,我们需要学习前辈们的经验,但又必须要将其'新生院化'。"新生院由正在进行大类培养的新生和少数民族预科班的同学组成,因此举办的活动、提供的学院服务都必须有针对性;而院会中的大部分成员都是和欣凌一样刚进入大学的新生,因此在完成任务的过程中,欣凌有意识地将自己从主席团的学长们那里学到的思维方式方法与自己的部员们交流,在例会上也专门增加了总结讨论环节,让大家复盘每次的活动过程,针对尚且存在的不足和改进方法各抒己见。"我可以切实感受到我们在飞速成长。"

实践中认识自我,顿悟迷茫

随着学习任务的加重,邓欣凌感觉到自己不能很好地游走在学习和工作之间,她感到有些疲惫和迷茫。她开始反问自己做这一切的意义在哪里。熬夜通宵出来的策划没有得到认可;长时间紧绷地准备一场会议,但当会议圆满结束时她却感到空洞和疲乏⋯⋯在她快要放弃的时候,指导院会工作的李国梁老师察觉到了她的迷茫和不安，并且用他学生时代的经历开导了她。那之后，邓欣凌意识到从前自己并不清楚内心到底追求的是什么，现在"我意识到自己希望做一个对社会有用的人，可以帮助身边的人，可以为母校的发展助力。"

在优秀学生干部标兵的答辩现场，她说起了自己对于学生干部的认识："什么是优秀的学生干部？我认为是'己立己达'和'立人达人'的统一。"

学习上，她刻苦努力，大一期间成绩优秀，一直是学院学习的佼佼者。大一寒假入选访美项目到美国硅谷圣何塞州立大学交流学习，邓欣凌流利的英语口语和组织管理能力让她成为队伍的学生负责人和对外翻译，也获得了当地学校老师的喜爱和夸赞。她一直严格要求自己，无论是学习还是工作都力求做到更好。"我希望我可以给身边的朋友们带来积极向上的活力和能量。"

认真严谨地对待每件事情，无论大小无论轻重；代入不同的角色站在不同的角度思考问题；重要的活动在脑海里提前预演，以兼顾全局视角和局部视角，这些都是邓欣凌视如珍宝的收获。"总是需要有人为学院的老师同学、为学院的发展贡献出时间和精力，而我恰好乐在其中。"

2019年　新生院迎新晚会工作人员

既是艰难险阻,又是机遇挑战

"学生干部就是在服务同学服务老师的过程中完成自我的蜕变和成长。"

当对自己的内心有了更深的察觉之后,邓欣凌在工作和学习方面都变得更加自信和笃定。"我想要证明,能力无关年龄,大一的学生也一样可以做到!"大一下学期,她成为新生院学生会的主席,开始带领这个全是新生的学生组织开始一段新的探险。从学代会、同济大学第一届学术嘉年华到最后的新生院启航典礼,她和她的团队向所有人证明了这样一种全新的新生干部培养模式的成功。

2019 年　新生院启航典礼

邓欣凌认为,这项艰巨的任务对她而言,与其说是艰难险阻,她更愿意将其描述为一次机遇挑战,这是一个向她和她的小伙伴们开放的偌大的舞台。她和她的团队在各项活动中都积极思考、大胆创新,在指导老师的带领下成功举办了很多具有新生院学院特色和学院品牌文化的大型活动,例如帮助学院学生更好选择专业方向的学术嘉年华等。在竞选同济大学第四十届学生委员会委员的主席台前,她期待着进入眼前这个崭新的平台,遇到更多优秀的人、有趣的灵魂,向他们学习;面对台下的学长学姐们,她自信又谦虚。

"如果想得太多太杂就会变得很累,我时刻提醒自己记住当初开始这段旅程的初心。"邓欣凌认为,在工作和学习的压力下,应该从局部的细枝末节中跳脱出来,保持全局视角、不忘初心才可以不被消磨了斗志,拥抱热爱、永葆活力。

甘露顺：践言于行，书写斑斓青春华章

甘露顺

甘露顺，男，中共党员，江西上饶人，2019级艺术与传媒学院设计学专业硕士研究生。本科期间曾获国家奖学金、国家励志奖学金等；曾获全国高校新闻发言人大赛三等奖、"2017中国高校新闻扶持计划"新闻评论类三等奖，入围2017第三届全国大学生城市治理案例挑战大赛且代表学校获得优秀组织奖；两度获得同济大学"优秀学生标兵"荣誉称号；曾获上海市优秀毕业生、上海市高校"十大潜力团支书"、同济大学"优秀新媒体工作者"、德国音乐周"志愿者标兵"、创新工作先进个人等荣誉称号；曾任艺术与传媒学院学生会副主席、艺术与传媒学院团支书联合会主席、2015级新闻传播学类团支部书记、同济大学团委兼职副书记、组织部副部长、学院惟新媒体中心责任编辑、2019级硕士生团支部书记。

潜心治学，静思前路，逐以求之

就像那句总被念起的"谁的青春不迷茫"一样，初入象牙塔学习的他，经过了一学期的自我求索，才渐渐懂得要去成为怎样的人，并毅然投身其中。大一下学期他修习了21门课程，时常奔波行走在教学楼宇间。努力终有回馈，在2016—2017学年他接连获得了国家励志奖学金、校级二等奖学金。专业上他还曾荣获2017年"中国高校新闻扶持计划"新闻评论类三等奖、第十届全国高校模拟新闻发言人大赛三等奖，并曾于2017年9月入围第三届全国大学生城市治理案例挑战大赛，代表学校获得优秀组织奖。在后续专业深造过程中，他学习刻苦，深扎在专业领域的耕耘之中，学业上成绩优异，前三学年总平均绩点达4.67，位列班级前茅；在2017—2018学年，他凭借着专业绩点4.92的成绩位列班级第二，并于2019年获得推荐免试资格，进入设计学专业就读。

在专业科研上，他先后参与了2016年度上海市大学生创新创业训练实践计划项目，致力于挖掘校园内外能够为青年才俊指引航向、传递正能量的典范人

荣获全国高校模拟新闻发言人大赛三等奖

物,寻求他们身上的与众不同之处。同时他还参与了2017年度校级创新创业训练实践计划项目,并于2018年4月顺利结题。他还顺利以第三作者身份发表核心期刊论文1篇。在多类课题项目研究过程中,他收获满满,从心性品质到学习能力都有所增益。即使是在周末,他也马不停蹄地往返于四平和嘉定之间,在复旦大学辅修法学课程,并于2018年10月顺利结业,汲取着更多的知识,拓宽着个人的视野。

前行之路光亮起来的他一方面潜心治学,静思前路;一方面积极参与学院、学校的各类事务,虽然因为事务繁杂常常成为那个深夜回到寝室的人,但是在这一段求索追逐的路上,他一直在奔跑着,把信念注入行动之中。

身负使命,心持道义,切以行之

于他而言,所谓使命和道义并不是言语空谈,更是在每一个日日夜夜中具体实践着的。他就是这样,一头扎进了繁杂的学生组织工作之中,平日里也和同学们互帮互助,对于同学们的问题他尽己所能地帮助他们去解决,就如同大家学习生活中的一个"小小老师"一样,大家也时常亲切地称呼他为"甘老师"。

参加上海市高校基层团干部技能比武大赛

入校以来,他先后加入了本专业团支部、学院学生会、学校社团联合会、学院惟新媒体中心、学校学生媒体中心、匠人社、学院创新俱乐部、嘉定校区团工委创新部等学生组织,还在2016年通过自荐通道成为上海市学生联合会第十六次代表大会的学生代表,在2017年成为学校学生代表大会的学生代表,在2018年成功成为学校青年马克思主义者培养工程首届"殷夫班"学员,并自荐入选上海市第四期大学生骨干培养班,两度前往延安寻访红色足迹;曾任学院团支书联合会主席、学院学生会副主席,即使是在大四,他也尽力地去平衡实习要求和学院学生工作,争取为学院建设多出一份力。

此外他还于2019年暑假前往祖国西南边陲——云南省临沧市镇康县开展乡村振兴专项实践,去到最需要的地方发挥自己的专业所长,理论与实践相结合,主动践行同济人"以科教济世 与祖国同行"的庄重承诺。丰富的经历于他而言是一种锻炼。在之后的校园时光里,"吾心不悔,吾志不易"成了伴随他前行的箴言,他将继续为学院和学校贡献自己的绵薄之力。

前往云南镇康开展乡村振兴专业实践

前往中国青年报社参观学习

心有猛虎，细嗅蔷薇，久以持之

在多年的热情参与之中，最值得他骄傲自豪的是能够在恰当的时间遇见志同道合的人，也正是这些人让他即使身处杂事之中而依旧不忘初心。深夜鏖战时的共同陪伴，身心俱疲时的轻声问候，小小善举时的莫大谢意——一路蔷薇开遍的美好支撑着他走到了现在,向着光亮那方不断前行,成为自己最想成为的人。

<u>心中之猛虎,随有一路的蔷薇,甘露顺也将在未来的道路上持之以恒,将这份善意传递给更多的人。古人常言,士人应当"修身、齐家、治国、平天下",作为新时代的青年学子,他将会是璀璨星空下又一个努力奔跑的身影。</u>

卢慧霖：在团学工作中寻找可能性

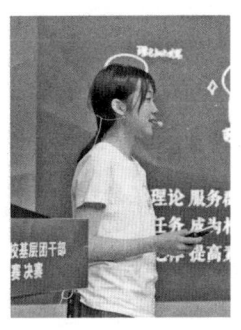

卢慧霖

卢慧霖，女，中共预备党员，2017级建筑与城市规划学院风景园林系本科生。曾担任2017级风景园林学一班团支书、校团委组织部副部长，曾获得国家奖学金、唐仲英德育奖学金，获上海市高校"十大潜力团支书"、同济大学优秀学生干部标兵、优秀学生等称号。所在团支部获评上海市"五四红旗团支部"、同济大学"五四红旗团支部标兵"等称号。

M24银河补丁，寻找团日活动的可能性

"M24银河补丁是我们的公众号，和团支部一样是温暖而独特的。"在上海市高校技能比武大赛复赛中，卢慧霖这样介绍团支部。M24是位于人马座区域的一个疏散星团，隐喻着这个新建立的团支部，24个人每个人都像一颗星星有着闪耀独特的光芒。"我们在团支部设置了策划、文案、摄影、采购等六个小组，希望可以充分发挥大家的潜力，让所有人都能够参与到团支部的活动中。"每个人都是闪光的个体，但每个人又都会是团支部积极参与的一部分。

"那是暑假写生的倒数第二天，我们在写生基地的评图小屋里听老师讲最后两天的安排。突然灯灭了，一个点着蜡烛的蛋糕被端了出来。"那天是卢慧霖的生日，也是团支部一起过的第六个集体生日会。团干部们提出的用传统节庆活动和集体生日会来增强团支部凝聚力的设想，已成为团支部的传统。

她还提到搭载于M24银河补丁平台的寒假专栏："大家多少在文字、摄影和个人爱好上有一些值得分享的东西，每个人写一篇一个寒假也就好像过去了。"促进团支部成员交流、增进团支部理解，这也是M24银河补丁的初心。

"团支部是一个促进大家思考、启发责任担当的平台。"在校五四红旗团支部标兵的答辩会上，卢慧霖这样评价两年来团支部于团员的意义。在两年里，团支部做了许多尝试：在上海当代艺术博物馆进行组织生活会，参观"超级工作室"的建筑展

览,现场进行关于美好生活和主要矛盾的讨论会;在上海植物园进行联合主题团日活动,通过对乡土植物的考察提升专业素质和土地情怀;在杨浦滨江联合清华景观系团支部进行团日工作坊活动,交流讨论关于城市更新的当代价值,延伸景观视角;参与校集中主题团日,以读书会的形式探讨景观和美丽中国的关系。

美丽景观与美丽中国、爱国励志求真力行,青年团员读书研讨会

"作为团支书,需要比其他人多想那么一点点。"虽然团支部设置有策划组,但是每次活动的开始都往往需要团干部的推动和思考,比起怎样玩得开心,更多的是思考怎样让团支部成员有所收获。"我们的团日活动一定要是大家喜欢,并且觉得有意义的活动。"团日活动可能不会是一场简单的聚餐或者出游,而是要将多元的形式和政治思考、时事探讨融合,这是她和团干部们立下的 flag。

联动社区,寻找支部实践的可能性

"在某种意义上,景观是一种 connection,多维的观感被调动并且与外部空间进行叠加关联,团支部走进社区是一个契机,是重塑我们与社群情感联系的一种可能性。"

随着专业知识的深入,支部活动也不断走进社区。卢慧霖回忆起第一次进入社区的活动,团支部策划了一个社区工作坊,借着五角场创智农园"诗经花园"的改造需求,以《诗经》为载体来帮助小孩子认识植物并鼓励他们参与花园规划设计。

"《诗经》的成书流传,很大一部分原因是人们主动吟唱自己的生活,除了绘画、游戏、植物认知,我们还准备了《诗经》的吟唱互动。让小朋友们参与到诗经花园植物的种植和设计当中,不仅仅是希望传递传统文化,也是希望能够帮助社区参与式设计的发展。"

社区诗经花园工作坊

团支部积极参与了四平路街道献爱心活动。团支部认领了一位回沪知青的愿望,卢慧霖提到在探访老人中印象最深刻的一点:"这位老奶奶是当年援建西部的知青,她离开家人和故乡,用自己最美好的年华建设祖国,她最开心的不是拿到礼物,而是有年轻人来聆听她的故事。"在与社区的对接中,卢慧霖与支部收获着向上的力量,进一步认识到社会和青年人的使命和担当。

开放学习,寻找自我的可能性

"只要是需要被做的事,都是有价值的事。"

2018年的暑假卢慧霖参与了中央和国家机关大学生实习计划,投件送报、电话调研、书写报告、检查文书、整理资料,这些都是由无数"小事"组成的"需要被做的事",虽然琐碎,却是接触工作、了解社情的直接方式。她所实习的单位是中华全国妇女联合会妇女发展部的城市工作处,进入部门实习时,考虑到未接触过其他工作,处长安排她对于处室负责的部分基地情况做电话调研。"在这个过程中,我学习到了沟通、调研的方法,在与老师的交流过程中学习到了工作方式、工作方法,学会了处理联系不到联系人、联系人语言不通等特殊情况的方法,体会到国家扶贫政策对于乡村贫困妇女的影响,了解到实际工作中创业者们遇到的困难和矛盾。"

"与其考虑很多,不如好好规划,专注完成。"

对于卢慧霖来说,大学生活是忙碌而充实的。她曾参加同济大学首届青马工

参与中央和国家机关大学生实习计划

程自觉人才"殷夫班",并担任学习委员;曾担任校团委组织部副部长,积极服务全校基层团委工作;曾担任中国儿童中心志愿者、同济大学校庆晚会志愿者、同济大学毕业生就业招聘专场志愿者、"跨越新高度"第二届 caup 校友论坛志愿者等;曾获得两次国家奖学金、唐仲英德育奖学金等。在她看来,未来的挑战需要专注和毅力,勇敢前进,虽然前路漫漫,将上下求索。

<u>逐梦启航,做青春建功新时代的五四青年;不忘初心,将论文写在祖国大地上。卢慧霖希望能够在团学工作中寻找到更多的可能性,在奋斗中寻找到新的自己。</u>

叶子龙：心之所向，素履以往

叶子龙

叶子龙，男，共青团员，北京人，2018级材料科学与工程学院新能源材料与器件专业本科生。曾担任班长、同济大学合唱团宣传部部长、同济大学材料科学与工程学院学术部副部长等职务。曾荣获同济大学优秀学生干部、同济大学优秀艺术团团员、同济大学本科一等奖学金、同济大学社会活动奖学金、同济大学京川奖学金一等奖等荣誉。参加同济大学第二期时代新人研习营并获得"时代新人奖"，并在联合国规划署—同济大学环境与可持续发展学院担任为期一年的志愿者。

用责任铸就班级同心

"同心同德同舟楫，济人济事济天下。"新生骨干夏令营所传达的同济精神令叶子龙深受撼动。带着这样的责任感与使命感，他自告奋勇承担起班级临时联络人的职责。正式开学后，叶子龙决心担任班长，带领新能源材料与器件班的同学们一同前行。

"新材班"，是同学们对自己所在班级的亲切简称；"小班制教学"，则是这个班级最大的特色，使得全班27名来自五湖四海的同学很快相识相知。作为班长，叶子龙并未止步于此，他不断地问自己：怎样利用这个优势，让同学们从点头之交发展成相伴挚友，在大学收获最美的同窗情谊，在新材班收获一份温暖而又有力的归属感？

叶子龙在思考，也在行动。2018年冬至，是同学们第一次离家在外过冬至，叶子龙精心策划了一场班级活动——包饺子。经过与西苑中点部工作人员多次沟通联络，在班委们的齐心支持下，策划方案如期落实。冬至这天，全班同学一起来到西苑食堂，和面、拌馅儿、擀皮儿……欢声笑语洋溢其间，引得路过的外国小哥哥也加入了包饺子的队伍。

"饺子，是独一无二的中国文化符号与团圆的象征。我想通过包饺子的班级活

新能源材料与器件班 2019 年樱花季合照

动,让身在异乡的同学们沉浸到班级大家庭的温暖氛围中。"第一个不在家过的冬至,同学们因为彼此的陪伴,感到的不是孤独和思乡,而是满满的温暖。

在叶子龙的带领下,新材班同学们的情谊日渐深厚,已然成为同行路上彼此信赖的伙伴和后盾。"从相识到相知,从相知到相伴,我们这些原本独立的灵魂,因为同心,凝聚成为一个坚不可摧的新材班。"叶子龙用责任担当,实现了自己担任班长时的愿望和目标。

一二·九歌会班级合唱《奇迹》

用信念追求共同卓越

"大学之大,让我见到了许多比自己优秀的人,也让我认识到了许多卓越的同济校友。臻于至善,济世天下,这是我的信念追求,也是我对青春韶华许下的郑重承诺。"叶子龙是这样说的,也是这样做的。进入大学以来,他除了主动担任班长,还先后加入了学院学生会、同济大学合唱团等组织社团,为迎新晚会出谋划策,在世界舞台放声高歌,参加时代新人研习营与IESD志愿者会议。与此同时,他也未曾忘记学生的主业就是学习,三个学期的平均绩点达到4.69,还分别以663、634高分通过大学英语四、六级考试。由于这些优秀的表现和优异的成绩,叶子龙在第一个学年的奖学金评审中一举斩获同济大学京川奖学金一等奖、同济大学本科优秀学生一等奖学金、同济大学社会活动奖学金等三个奖学金。

"独乐乐不如众乐乐,独优秀不如众优秀,一群优秀的人汇集在一起,能凝聚改变世界的力量。"叶子龙希望自己追求卓越的信念也能够感染到周围的同学,形成积极向上的优良班风,引领大家努力拼搏、不负韶华。考前复习沙龙、学长学姐经验分享会、英语单词学习打卡活动……叶子龙带领班委们策划了一系列及时满足大家需求的学习活动,成效显著:班级平均绩点4.0,三分之一的同学获评奖学金和优秀学生、优秀学生干部等荣誉,在大二上学期更是有两名同学取得满绩的优异成绩。此外,在叶子龙的感染下,班级同学也积极投身学院和学校的各类活动,无论学生会骨干会议中,还是迎新晚会舞台上,都有新材班同学们的活跃身影。

叶子龙用信念追求共同卓越,努力践行着自己的青春承诺。

用热情谱写多彩青春

不同领域、不同类型的社团和活动带给了叶子龙不一样的人生体验,也重塑了他对"大学"的认识:知识的学习源于课本,而对于社会的体验和感知,则需要通过实践来获得。大学就是这样一个地方,既有学习知识的课堂,也为我们提供了实践体验的平台。"大学的青春应该是充满热情的、多彩靓丽的。"

在同济大学青马工程培训班,叶子龙的青春是红色的,他总是热情洋溢,尽最大努力完成每一次课程,结识了许多优秀的学习榜样;在时代新人研习营,叶子龙的青春是绿色的,自小成长于城市的他走进乡村,实地参观学习了安吉鲁家村和余村的振兴之路,第一次深刻体会到"绿水青山就是金山银山"在乡村建设中的重要性;在同济大学学生合唱团,他的青春是橙色的,登上校内外大大小小的舞台,参加上海市学生新年音乐会、同济大学校庆晚会、材料学院迎新晚会等演出活动,体验合唱的美妙,收获志同道合的挚友。

迎新晚会钢琴演奏

<u>青春多彩。叶子龙用热情努力,描绘着属于自己的靓丽图景。济世天下的担当,让道路在脚下延伸;追求卓越的信念,让前行脚步更加坚定;永不熄灭的热情,让青春色彩更加绚烂夺目。"无尽的远方,无数的人们,都与我有关。"</u>

冯　畅：传承测绘精神，不负青春韶华

冯畅

冯畅，男，共青团员，安徽合肥人，2016级测绘与地理信息学院测绘工程专业本科生。曾担任测绘与地理信息学院学生兼任团委副书记、学院学生会主席、2016级本科生团支部书记、同济大学第四十届学生委员会委员等，同济大学第二十二届研究生支教团成员。曾获同济大学优秀学生干部标兵称号、同济大学优秀青年志愿者一等奖、同济大学国家励志奖学金、同济大学社会活动奖学金。

高举团旗跟党走，冉冉红心赤子情

进入大学后，成为班级团支书的冯畅，不仅自己积极向党组织靠拢，更是将"思想引领"的重任扛在肩上，带领支部同学凝心聚力、高举团旗跟党走。作为团支书，他时刻牢记"从严治团"的总体要求，明白夯实支部建设的重要性。大到传达共青团中央的精神要求，小到每一次团费的收缴，虽然事情时常繁琐，但冯畅总是兢兢业业。每次的班级团日活动，他都要与团支委成员反复协商讨论活动方案，"做意义丰富、立足同学实际需求的支部活动"是冯畅一如既往的坚持和追求。

除此以外，冯畅还积极投身于学院团委的工作当中。"院团委的工作性质和支部工作是不太一样的。"他说，"要和团委老师紧密配合好，特别是遇到策划举办大型团日活动时，要协助老师把每一个细节都考虑到，并多从学生的立场和角度提供参考意见。"

让冯畅印象最深刻的就是学院举办的纪念五四运动一百周年特色主题团日活动。"那是一次面向全体本科生和研究生的院级活动，还是在陌生的场地举行，前期需要准备的内容有很多。"为了把这次活动办好，他和其他团支书一起构思每一个环节，撰写朗诵稿，同时主动承担起对接主讲老师、宣传品制作、布置场地等任务。在活动开始前冯畅在脑子里将各个流程反反复复地演练了许多遍，努力做到不遗漏任何一个细节。最终，测绘与地理信息学院纪念五四运动一百周年特色主

"绘五四薪火·测追梦人生"纪念五四运动一百周年特色主题团日活动

题团日活动圆满完成。

每一次活动的举办对冯畅而言,都是一次宝贵的成长经历。在之后的学生工作中再举办此类活动时,他便更加信心十足、游刃有余。

扎根同学务实事,用心甘做螺丝钉

初入大学的冯畅加入了学生会文艺部,经历了一年的磨砺和锻炼,认真负责、坚韧踏实的特质开始不断显现,工作能力也得到了大家的认可,于是他便勇敢地接过了带领下一届部门新人的担子。

迎新晚会是测绘学院一年一度文化育人的品牌活动,全院师生都热情投入、全员参与,筹备周期长,工作量巨大,文艺部便是牵头这项活动的主要部门。担任文艺部部长的冯畅满含一腔热情,身上有股"愈是艰难愈向前"的劲头。接过这个工作后,他可谓全身心扑到了活动当中,虽然中间遇到不少困难,但他从来都没有想过放弃。一场晚会的举办将学生会所有成员都紧紧团结在了一起,而冯畅早已在其中默默地将自己锤炼了千百遍。

用心付出换来了大家的认可,冯畅同学被推选为院学生会主席。他深知"主席"二字代表的责任:维护同学权益,做好沟通桥梁,开展丰富活动,营造良好氛围。

"'扎根同学、服务同学'一直是我工作的导向标。只有从同学中来、到同学中

"砥砺测苍穹 同心绘神州"测绘与地理信息学院2018迎新晚会

去,切切实实地了解同学们在想什么、需要什么,才能做好服务同学的工作,我这个主席才算称职。"

求真务实,不负众望。冯畅带领着测绘与地理信息学院学生会在同济大学第三届学生会院评中蝉联"优秀院学生会"荣誉称号。

奉献小我燃青春,争做志愿先行者

人们常说"青春是用来奉献的",而投身志愿正是奉献自我的一种方式。冯畅在学习工作之余,也在积极参与各项志愿服务活动。

2019年11月10日,第二届中国国际进口博览会顺利闭幕。作为此次国际盛会的志愿者,"小叶子"们是进博会中的靓丽风景线,而冯畅就是他们其中的一员。他用日行三万余步的坚持和认真,丈量国家会展中心、测试定位导航系统、接待国内外展商和游客。

除了完成和其他同济志愿者相同的工作外,他也是"志愿者的志愿者"。每天的往返途中都要负责志愿者们的签到工作,留心他们的身体和情绪状况,及时保持与校团委负责老师的联系沟通,努力为每一位同济志愿者提供应有的保障和服务。

"对我而言,'小叶子'的工作是一个观察世界、观察当今中国的窗口,我很荣幸见证了祖国对外开放的坚定决心和令人振奋的成效,并为此付出了自己的一分力量。"

参加第二届中国国际进口博览会志愿服务

2019年9月,冯畅通过学校的选拔成为了同济大学第二十二届研究生支教团的一员,将到祖国最需要的地方站上三尺讲台,陪伴孩子们成长。能够成为一名支教老师,是他一直以来都有的愿望。

"我也是从农村成长起来的孩子,我对孩子们的情况感同身受,因此我会尽我所能给他们鼓励与引导,做他们真正的知心人。"

牢记"同济天下"的情怀,助力祖国西部发展,同济人一直在行动。"我将以前辈为榜样,将同济支教团的火炬传递下去,让青春在西部闪光!"

勤学奋进练本领,立足专业展作为

面对新冠疫情这场突如其来的国家战"疫",冯畅与课题组的师兄们接到导师紧急线上召集,要以最快速度开发一款App,用于实时收集同济学生与教职工的位置信息并上传,以便后续进行信息统计分析等工作,在此特殊时期时刻保证同济师生的生命健康。由于时间紧迫,课题组一鼓作气工作至次日凌晨五点,仅花了十五个小时便完成了App的初版开发。

紧接着,为了解决同济大学教职工在疫情控制期安全出行的问题,冯畅与师兄又立刻参与了同济大学全监管出行服务系统App的开发,保证通勤教职工能够安全乘车。

同心协力,共克时艰。冯畅说:"能够运用专业所学,为国家的抗'疫'大计贡献

参与同济大学全监管出行服务系统 App 的开发

力量,为同济师生多提供一份保障,是我作为一名同济测绘学子义不容辞的责任,更是新时代青年身上肩负的光荣使命。"

作为一名测绘人,冯畅一直在努力继承测绘前辈身上的优秀品质。"用脚步丈量大地",测绘人不畏艰险、甘于奉献的精神在这个时代熠熠闪光。"测天绘地定经纬",测绘青年也肩负着时代使命,要将小我融入大我,以真才实学服务人民,以创新创造贡献国家。

> "我热爱测绘,热爱同济,我也一直坚信自己能在这个行业有所作为,有所贡献。青年兴则国家兴,青年强则国家强。同济测绘青年矢志报祖国,永远在路上!"

毕浩文:党旗飘舞,青春飞扬

毕浩文

毕浩文,女,中共党员,山西临汾人,2017级体育教学部体育人文社会学专业硕士研究生。硕士期间曾担任同济大学体育教学部学生党支部组织委员、研究生会副主席等职务。曾荣获上海市优秀毕业生、同济大学优秀学生标兵、国家奖学金、优秀研究生干部、优秀学生党员、同济大学太原奖学金等荣誉,参加多项课题、国内外学术会议和志愿者活动。

党旗飘舞,从过去到现在

毕浩文2015年9月入党,在本科阶段便积极向党组织靠拢,以高标准要求自己。作为学生会基层团委副书记、学生会主席和班级学习委员,毕浩文尽职尽责,团结同学,积极配合老师,努力完成各项工作。在2013—2014学年中获"优秀班干部"称号。在大一、大二、大三期间连续每年获得国家励志奖学金、国家奖学金和校级一等奖学金;在大一上半学期的"全国英语口语测评大赛"中,荣获优胜奖;在2014年"创青春"全国大学生创业大赛第九届"挑战杯"大学生创业计划竞赛中,荣获铜奖。作为优秀学生赴青岛大学参加为期一年的交换生生活并担任交换生班长,于同年8月,参加加拿大尼亚加拉学院的交流学习。

青春飞扬,从现在到未来

毕浩文在体育教学部体育人文社会学专业读研期间,担任体育教学部研究生会副主席、体育教学部学生党支部组织委员,将本科对自己的高要求也一直延续到研究生,积极提高自己的党性修养。在研究生这两年中,除了认真学习自己的专业知识以外,她也积极组织党小组的组织生活,不忘初心,一直在路上。

在专业课的学习上,她努力踏实,积极进取,不断以高要求规范自己,同时在学习之余积极查阅文献,参加学术讲座,以此来规范自己的学术书写;学术会议让她深刻体会到理论知识的"输入"和学术会议的"输出"的平衡点,她在学术会议和课题中慢慢摸索、慢慢钻研如何完整地将知识输入和有效地将知识输出。从本科到研究生,在导师叶宇老师的教授指导和关心下,她参加了学生党支部和研究生会,成为其中的一员。在和老师同学们一起学习的过程中,作为学生党支部的一名支委,她深刻地意识到党员发展、党员管理和党员教育在党建工作中的重要性,通过价值导向引领,在支部开展的"不忘初心、牢记使命"主题教育的活动中,守初心、担使命、找差距、抓落实,真正做到理论学习有收获,思想政治受洗礼,干事创业敢担当,为民服务解难题,清正廉洁做表率。在聚焦"守初心""懂敬畏""明方向""抓落实""知大局"的学习中,进一步提升党性修养,结合实际工作,使自己有了实际提高。

美国顶级经管 DSI 会议

英国拉夫堡大学学术交流会议

在学术科研的道路上,她以综合测评第一的成绩获上海市优秀毕业生、国家奖学金和优秀学生标兵称号。她参加"2018国际学生环境与可持续发展大会""西班牙马德里理工大学学术交流会议""英国拉夫堡大学学术交流会议""美国芝加哥顶级经管会议 DSI"等,是3个市局级课题结题的第一成员、2个校级课题的负责人、1个校级课题立项的第一成员。在研究生学习的阶段,科研无疑是最重要的一个部分,即将毕业的她回想起研究生生涯,印象最深的就是在图书馆的那些日子。在二楼借到的关于研究方法的书让她慢慢地理清楚在一个研究方向中正确的研究方法会使研究事半功倍;在导师的帮助下,她找到很多科研前辈正确的研究课题文本,不断地从总结归纳中提炼出研究的重点,在学习的过程中不断地发现问题并解决问题。

在爷爷所在社区进行体温测量统计

2020年春节,突如其来的新冠疫情蔓延全国,在这场疫情防控阻击战中,很多医护人员和党员干部志愿者们无私无畏地冲锋在一线,用实际行动践行着共产党人的初心和使命。坚守"疫"线的志愿者,以"红袖章"的众志成城作"灯芯",凝聚起"万家灯火"温暖的力量。毕浩文也加入爷爷所在社区的志愿者服务中,严格防控人员的进出,每天核对测量进出人员的温度并统计上报,虽然只是重复简单的工作,但是在这个过程中,她体会到了"一方有难,八方支援"的深刻内涵,区政府分配消毒水,定点定员随时抽查疫情防控点的工作,确保人民的安全和生活保障。在年后最先返回工作岗位的就是医护人员和各个药店的工作人员,她便又参与到尧都区万象大药行的志愿者服务中,每天和药店的工作人员进行药店的消毒和体温测量,目睹工作人员们一早上一步未曾离开过工作岗位,有时连一口水也来不及喝,他们爱岗敬业、恪尽职守和无私奉献的精神使毕浩文深深受到感动。

在万象大药行进行温度测量

虽有不足,但一直前进。良好的思想道德品质、积极的学习态度、朴实的工作作风,成就了毕浩文身为一名优秀当代大学生的基本素养和良好形象。仰望星空,脚踏实地,党旗飘舞,青春飞扬。

吕 瑶：勇担使命不忘初心，务真求实无负年华

吕瑶,女,中共党员,黑龙江齐齐哈尔市人,2016级生命科学与技术学院直博生。本科毕业于同济大学12级试验基地班,博士期间担任生命学院研究生第四党支部支部书记。曾荣获同济大学优秀毕业生、同济大学优秀学生干部、优秀共产党员称号,所在支部被评选为校级优秀学生支部。

吕瑶

为人民服务，为使命拼搏

"我的第一身份是一名共产党员。"在自我介绍时,吕瑶说,"我在本科阶段通过了组织的考验,加入了中国共产党。入党的初衷就是'为人民服务',希望能引导精神和找到途径。这份初心到现在也没有改变。"

与生科院本科生交流志愿服务活动

提到怎样为人民服务,她说:"包括曾经的我自己在内,很多学生党员,都觉得为人民服务离我们很远,我们的能力实在有限。"事实上,正如习近平总书记所说,人民的勤务员是一个光荣的称号,也是对党员干部的基本要求。作为学生党员,身边的老师、同学就是我们服务的人民。

在"不忘初心、牢记使命"主题教育活动中,学院不同的学生支部通过打扫实验教学中心、样品储藏室,与本科生进行学业交流与党建教育等方式,发挥了各自的能力和优势。吕瑶所在支部的同学在志愿活动结束后,也和一些需要学业上交流指导的本科同学建立了联系,在自己所擅长的范围内去为同学提供帮助,尽己所能为人民服务。

跨越艰难,不忘初心

在成为研究生后,吕瑶担任了支部组织委员。在作为支委的工作期间,她主动为支部同志进行时事播报,协助上级党委对入党积极分子的培训和考察工作,做好相关记录及材料的管理。一年的组织委员工作让吕瑶进一步认识到党政工作、支部工作的严肃性,对基层支部同志的管理与联络工作的重要性。

随着逐渐熟悉工作,也得到了党组织的信任,吕瑶于 2018 年被推选为新一任的支部书记。"这份工作的意义就在于能作为党组织和党员之间的桥梁,更好地发展基层党支部和联系党员与群众。"吕瑶这样形容作为支部书记的工作。

基层支部的工作往往比较烦琐,在面对这类工作时,她不认为是压力或是要亟待解决的问题,而是当做一次为大家服务的机会,认真地对待和完成。因为这是一项于人于己都大有裨益的工作,联系集体共同学习和建设基层支部,也是个人意义的实现。

支部是战斗堡垒,进步是共同目标

提到自己所在的研究生支部,吕瑶变得滔滔不绝:"我们的学生支部充满活力,党员中存在着很多思想先进、思维开阔的同志,在我们共同学习党的各项政策、文件、纲领时,一些同志分享自己的体悟心得,能很深入浅出地提升大家的理解和认知。同时,成为支部书记之后让我有更多机会与更多党员认识接触,大家也都各有千秋,进而就可以创造更多的机会组织同志们、同学们来参与有意义又有趣味的集体活动。"

在这个年轻的支部中,有在学术研究中有创造力的同志传授科研的经验,有在体育方面获得出色成绩的同志宣扬体育的魅力,有在医药公司参与研发的同志分享实干的体会,有在医院奋战学习的同志讲述一线的需求。这些都是作为党员、作为研究生不可多得的重要知识,对于促进发挥主观能动性、不忘初心、铭记党的宗旨、保持积极的态度和状态为人民服务和自我实现都有深远的意义。置身于这样一个有理想、有道德、有文化、有纪律的组织,是支部内每一个党员的幸事,也是大家的动力源泉。

真抓实干,不负韶华

"因此,在这样一个出色的组织中牵头去做有意义的事情,是有乐趣的、能让人热爱的体验。而这个组织的特色就是这些科研型的青年,我们就应该发挥所长去组织活动。"吕瑶这样描述支部各项活动的组织过程。生科院研四支部曾联合同济大学附属同济医院研究生支部共同开展党的十九大专题学习活动。同时开展基础医学研究和临床治疗学术交流活动,实现从实验室到临床的连接,共同推进将基础研究的成果转化成为患者实际提供的真正治疗手段。

与同济医院研究生支部开展党的十九大专题学习暨学术交流活动

同时,在研究生的日常学习、工作中,也存在着大量实验室内部的公共事务。吕瑶在支部内部鼓励党员同志们积极发挥功能、承担责任,自己更是以身作则在实验室内主动为老师同学提供方便,受到老师同学的一致认可。并且她积极组织不同实验室之间共同学习、交流及进行体育活动,为营造和谐进步的学习环境做出贡献。

在沟通中学习,在体悟后感恩

在引导组织党员活动中,除了同学们的配合和扶持,来自上级党组织的支持也是必不可少的。"做了支部书记之后,一个重大的变化就是和党组织的老师们的接触明显增多了。我可以很直观地感受到他们工作任务的繁重,但在这种压力之下面他们对每一位基层干部和群众都保持了耐心帮助和引领的精神,并且在工作上也十分专业熟练,发挥了党员的模范带头作用。直接对接到我们的工作、生活中就是要学习他们真干、肯干的精神与专业素养,认真对待和梳理每一次的实验工作,同时专注提升自己的能力技巧,绝不松懈。这不仅是对自我的进步与丰富,更是作为党员严格自我要求必上的一课。"

> 吕瑶一直把真抓实干放在首位,并且和支部成员们共同学习党的十九大精神、习近平新时代中国特色社会主义思想,强化"四个意识"、坚定"四个自信",脚踏实地不断进取,坚持奉献继续拼搏,用实际行动来回报党和国家对自己的培养。

刘欣源：追求卓越，相信未来

刘欣源

刘欣源，女，中共预备党员，内蒙古呼和浩特人，2016级政治与国际关系学院社会学专业本科生。在校期间曾担任同济大学政治与国际关系学院学生会主席、校学生会公共关系部部长、团支书等职务。曾获国家奖学金（两次）、同济大学优秀学生奖学金、唐仲英德育奖学金等奖项；所在团队曾获得同济大学第四届"卓越杯"大学生科技创新竞赛一等奖、第四届大学生创新创业论坛二等奖、第五届中国"互联网+"大学生创新创业大赛"青年红色筑梦之旅"赛道铜奖；获上海市优秀共青团员、同济大学优秀学生干部标兵（两次）等荣誉称号。曾参加同济大学优秀团员团干培训学校、百名优秀大学生培养工程及首届自觉人才计划"殷夫班"。

梦想一定要有，万一实现了呢

"其实一开始不敢把自己的梦想说出来，我一直都是想上北大的，高考没能上了北大，读研就不想再错过这个机会，但我也总觉得自己上不了。"

的确，不敢说所有的文科生都有一个北大梦，但是至少90%的文科生都是憧憬燕园的。然而，这90%的文科生中又有多少人只是让这颗梦想的种子埋在了土里，但刘欣源却让她的这颗梦想种子在土里发了芽。

"最开始走上保研这条路的时候，没想到这么难，还是因为自身条件不行吧。"谈到保研，刘欣源并没有想到这条看似简单的路走得这么难，也不敢想象最后的结果是那么好。从一次次发文章被拒到顺利发表，从六级成绩不高到一个月突破雅思，从夏令营的纷纷失利到最后得到南京大学社会学保研录取和北大法学院保研录取，越来越厚的材料见证了她这一路走来的不容易。她口中的自嘲和幸运，是每一次熬夜、奔波的结果，我们都知道，每一段光彩的时刻背后哪有那么多的幸运，更多的是对自己努力付出的回报罢了。吃得苦中苦，方为人上人。正是这份梦想和努力，正是一次次的失败，才让刘欣源取得了那一份用汗水和泪水铸成的录取通知书。

脚踏实地,仰望星空

"有一个好想法是一回事,而实际落地又是一回事,想要把好想法实际落地,根本没有我们想的那么容易,大学生还是应该脚踏实地,不能总是飘飘然,我们不能把国家给我们大学生的好经念歪。"

2019 年 1 月　国创项目实验中

刘欣源说,一次偶然的挑战赛让果渣浪费问题进入了她的视野,紧接着,她开始用社会学的视角审视这一问题,她发现社会对果渣风险的认知不到位,而果渣在其实用价值没有得到完全利用的情况下就被人们所丢弃,这是一种资源浪费。于是她申请了国家级大学生创新创业项目"基于企业运营模式下的果渣回收与利用",利用化学实验提取精油等,建立企业,收集上游企业产生的果渣,然后送到下游工厂,探究出完整的果渣回收利用措施。这个好想法很快得到了绝大部分老师的认可,但是在项目的进行中她才发现,一个好的项目想要落地,所需要克服的困难远远没有那么简单。她不光要克服上下游的供应和需求问题,还要克服各种的技术难关,即便是实验室解决了技术难关,想要量产却是另外一码事了……种种难题扑面而来,刘欣源没有放弃也没有屈服,而是秉持着脚踏实地做事的态度把这个项目做到了最后,成功提取了果渣精油和可溶性营养物质。

"社会是一个融合的社会,学科也不只是这个学科本身,光靠自己的专业是不行的,学科之间的交叉交融才是未来发展的趋势。"学科交叉让她找到机械学院和建筑学院的小伙伴,还找到化学工程专业的同学做顾问,团队成员各自发挥自己的特长,从社会调查、机械设计、化学工艺、模型制作等方面,竭尽全力完成这项工作,

"团队合作的重要性,是我在大学学到最重要的道理,一个人做不成的事情,一群人一定可以。"

青年党员,担起青年责任

"我觉得作为一名青年党员,公益是最好也是最力所能及的方式,能让我们承担起青年责任。"

2018年4月 青励公益青年营公益活动现场

从高中开始接触公益活动的刘欣源,一直将公益作为自己日常生活的一部分,"虽然我能做的很少,但是做一点就会使社会更好"。秉承着这个理念,她参加了各种各样的公益组织与活动:培养大中学生领导力的青励公益组织、以"公益+"为理念的同济仲英促进协会、丰富外来务工人员子弟主题班会生活的杨教院校外辅导员项目、为学弟学妹传授经验的学霸讲堂和朋辈群体辅导、上海站地铁站志愿者、杨浦区睦邻中心社区志愿者,等等。在一次又一次的志愿服务中,刘欣源不仅感受到作为新一代青年肩上应该承担的责任,更对自己的党员身份有了更加深入的了解。"'党员'这两个字,不应当是一个称号,更是一份责任,只要我是党员一日,我就会努力承担起每一份应尽的义务。"

身兼数职,争做学生骨干

"大学一大半的时间都用来做学生工作和社团了,现在想想觉得真好。"

作为学院学生会主席,刘欣源的学生工作经历可谓丰富多彩。"因为高中时是学生会主席,我很喜欢和大家一起工作、办晚会的感觉,所以大一刚开始就加入了学生会的企业宣传处、学院团学联的宣传部、辩论社、垒球社,也是班里的团支书。"说起来这些经历,她显得很轻松,在旁人眼中很难兼顾的工作,可刘欣源却能够游刃有余,合理地安排时间。虽然在这当中,她有取舍地放弃了一些活动和工作,但在学院学生会的工作却一直坚持到现在。作为班级、学院和学校各级学生骨干,她认为最重要的就是合理地安排时间,合理地安排工作,合理地布置和接收各项任务。大三最忙的时候,她一连三个月都没有过周末,所有的时间都用来处理各种事务,同时保持课业不放松。"从大二开始我就有列计划的习惯,每周都把自己要做的事情写下来,再一条条划去,特别有成就感。"

面对即将结束的大学,刘欣源说:"大学教我的不只是知识,更是无所畏惧地向前和逐渐清晰的方向。"谈及未来,她说:"研究生期间还是会参加学生工作,好好学习,多实践,多读书。"目标明确的她,已经用自己的实际行动书写出浓墨重彩的一笔;未来,她也一定会更加积极,更加向上,保持最初的梦想,把更多绚丽的篇章谱写在祖国的大地上。

刘　悦：勇敢追梦，将奋斗作为人生底色

刘悦

刘悦，女，中共党员，山东曲阜人，2018级艺术与传媒学院新闻传播学硕士研究生。结合专业特色创新学生党建活动形式，带领支部获评同济大学学生党支部"对标争先"十佳项目、"对标争先"十佳优秀组织生活案例，并三次获批学生党支部"对标争先"重点项目。多次带队前往乡村进行实践调研，撰写、编辑成果集逾20万字，项目及团队获评"知行杯"上海市大学生社会实践项目大赛二等奖等多个校内外奖项。曾任同济大学研究生会常务副主席，艺术与传媒学院团委（兼职）副书记、学生第四党支部书记、同济大学艺术与传媒学院研究生会主席等职务，每年策划、执行校内外活动十余场，所在班团集体也获评"五好班级"项目、"五四红旗团支部"。参与国家自科基金项目和期刊编辑，已发表1篇CSSCI（扩）论文，录用1篇CSSCI论文，获评2018—2019学年度研究生国家奖学金。曾获2019年"中国电信奖学金・飞young奖"、2019年"上海市优秀共青团员"、2019年上海市大学生社会实践"先进个人"、校级优秀毕业生、校级优秀学生干部标兵等荣誉。

知行合一、躬身实践的先锋

"矢志奋斗，决不食言！"这是刘悦带队从420支同济实践队伍中脱颖而出，在2019年"知行杯"上海市大学生社会实践项目大赛决赛答辩时慷慨激昂的宣言，也是她砥砺奋进、躬身实践的写照。

刘悦作为研究生助教多次带队前往江浙乡村地区进行社会实践，江苏溧阳上兴镇龙峰村、牛马塘村，浙江诸暨五泄镇十四都村都留下了她的身影。凌晨时分，她爬到山上的蓝莓地记录村民生活；骄阳似火，抑或大雨滂沱，总有她坚毅的身影；日落时分，她与航拍小组赞美山清水秀，一起分享一小只棒冰，一起走过泥泞的田埂，一起谈论着村民的故事。作为实践团队负责人，她梳理实践思路、深入调研走

2019年10月 "知行杯"上海市大学生社会实践项目大赛决赛答辩现场

2019年暑假 在浙江诸暨十四都村进行暑期社会实践调研

访、统筹项目成果,积极响应长江三角州区域一体化发展和乡村振兴两大国家战略,发挥同济大学在空间设计、产业布局、新闻传播、文化创意等方面的学科专业所长,以江浙四村落为蓝本设计切实可行的"地点制造"方案,以"文化振兴"为媒,为乡村振兴注入新的活力,得到当地政府和干部群众的认可。项目获2019年"知行杯"上海市大学生社会实践项目大赛二等奖,她个人也荣获2019年上海市大学生暑期社会实践活动"先进个人"称号。

2019年暑假　担任中国科协主办的青少年高校科学营同济分营负责人之一

从2015年暑期前往云南省盈江县中缅边界的勐弄乡中学开展"彩云支南"夏令营，到在江浙地区开展乡村振兴相关实践，她带领同学们用影像记录生活，用脚步丈量乡村，践行同济人"与祖国同行，以科教济世"的责任担当。她在一次又一次的志愿服务中实践着"小我融入大我"的青春誓言，收获着友谊与满足，多次获得优秀志愿者称号。

每年12月2日是她在上海市血液中心登记的个人献血日，坚持每年定期献血已然成为她的习惯，至今已经连续四年共献血1 400 ml。同时她也积极鼓励身边的同学朋友参与到自愿献血等社会服务中去，胸怀赤子之心，全心全意服务国家、服务社会、服务人民。

将奋斗作为人生底色，她是知行合一、躬身实践的先锋。

甘于奉献、勇于担当的骨干

"同济啊同济，同舟共济。"当同济大学110周年校庆晚会进入尾声，校歌唱起，刘悦和小伙伴们的眼眶湿润了，为这一刻——他们付出了太多太多。

从2014年步入大学，她就在各级学生党团组织中贡献力量。作为不知疲倦的学生骨干，她被同学们戏称为"工作狂"，大大小小的活动，林林总总的事务，开学典礼、毕业典礼、毕业晚会、历年校庆、"枫林节"等校级活动，艺术与传媒学院惟新讲坛、校友论坛等院系活动，都有她的身影。但她乐在其中，将学生工作视为自我学习、自我成长、自我完善的过程，肯下"苦功夫"，勤练"真本领"，服务广大师生。她带领支部开展的"惟新讲坛"项目获评学生党支部"对标争先"十佳项目，作为党支

2019年11月　刘悦担任总导演的同济大学第三十五届枫林节开幕式暨研究生迎新晚会圆满落幕

部书记,她所在的支部也获评学生党支部"对标争先"十佳优秀组织生活案例。

2019年11月　在第十五届上海高校研究生会主席峰会上作为代表发言

在新冠疫情时期,从重点防控地区返乡的刘悦无法报名社区防疫志愿者,但作为学生骨干,她积极配合学校、学院信息统计、每日上报、权益维护等工作,发挥专业优势,累计参与策划、制作线上推送近50篇,阅读量超过23 000人次,在防疫宣传方面贡献着自己的力量。

作为学生骨干,她总是说,学生工作对自己最大的影响可以总结为两个词:一是"情怀",全情投入、长期坚持的热情,砥砺奋进、甘于奉献的精神;二是"责任",勤勉踏实、勇于担当的态度,坚定执着、至臻至善的追求。

将小我融入大我,她是甘于奉献、勇于担当的骨干。

勤于学习、脚踏实地的学术精英

国家奖学金是刘悦勤于学业最好的褒奖。这背后,是凝结在课程学习和学术科研过程中无数熬过的夜、流过的汗、走过的路。如何兼顾学生工作和学术科研,一直就是大学生绕不开的问题,她的回答可能过于简单——抓紧分秒去拼。

2020 年 1 月　获"2019 年度上海市优秀共青团员"推荐

大四那年的冬天,她印象深刻。曾作为交换生交流学习归来,作为大四老学姐要和学弟学妹们一起完成部分课程,听闻 15 级广播电视学是赫赫有名的"学霸聚集地";与此同时,支气管炎、腰椎滑脱、时不时的发烧不期而遇,让她成为医院的"常客",但她不服输的性子被激发起来,强打起精神,每天学习到凌晨两三点钟,把睡眠时间控制在 6 个小时之内,最终拿到所有科目全"优"的成绩,获得了老师同学的认可与好评。

保送研究生之后,她开启了与"大数据"的亲密接触。作为纯粹的文科生,研究方向却和数学、代码、统计等密不可分,她从没有想过放弃:不会 python,就从最基础的代码开始看起;统计分析基础薄弱,就从最简单的数学名词开始研究。她相信,没有人能随随便便成功,脚踏实地的努力,在任何时代、任何场所都是铁律。

在专业学习的同时,刘悦坚持进行理论学习,参与校内一系列对党员以及党支书的培训,不断提高自身的政治素养和业务能力。她参与到上海市第五期大学生

作为党员代表在上海市第五期大学生骨干培养班上领誓

骨干培养班,作为组长,保证每月一次理论学习和实践调研全勤出席,并多次作为代表在全市学生骨干范围内分享理论学习心得,得到了同学们的认可。

带领班级同学前往澎湃新闻进行参观学习

除了孜孜不倦地掌握知识能力、锤炼过硬本领之外,刘悦也不忘与其他同学加强学习交流、共同推动集体的进步。研究生入学伊始,身为团支书的她就以"同力济研梦,艺心铸学魂"为主题进行了一系列策划,将打造优良学风、树立学术理想、培养学术道德放在班团建设的首要位置,为同学争取各种实践、实习机会,通过"惟新讲坛"、"博思论坛"、专业读书会等形式,注重专业知识学习和理想信念教育的齐头并进,拓宽本专业学生的专业视野,带领支部获评 2019 年同济大学"五四红旗团支部"称号。

2019 年 7 月　在同济大学第一期"时代新人研习营"中带领团队获得"时代新力量"团队称号

<u>她是勤于学习、脚踏实地的学术精英,心中有阳光,脚下有力量。刘悦时常用"头脑清醒,行为端正"来勉励自己,坚持在学习、工作、生活中锤炼坚强的意志品质,锻炼出众的综合素养,以实际行动践行"将奋斗作为人生底色"的青春誓言。</u>

李文华：不忘初心，在服务青年中践行"五四"精神

李文华，女，中共预备党员，甘肃庆阳人，2018级数学科学学院应用数学专业硕士研究生。曾任同济大学数学科学学院学生兼职团委副书记、院研究生会主席、同济大学学五楼社区辅导员。曾荣获同济大学优秀学生干部标兵、同济大学优秀社区辅导员、同济大学博世奖学金、优秀学生奖学金等荣誉及奖项，所在团队曾获得全国大学生数学建模竞赛上海赛区三等奖荣誉。

李文华

年轻就是要敢于突破自己，但要在细微处见成长

"因为不想让自己懈怠，想要走出舒适圈，所以'自告奋勇'去竞选团支书、报名当助管。"

本科时候，只做过班级生活委员的李文华，经验在很多学生干部中其实并不算丰富。正因为这样，她觉得自己与外界有点"脱节"，想要通过参与一些学生工作结识更多优秀的人，见识更多有意义的事情，以此来激励自己、督促自己追求进步。

参加时代新人研习营

参加青马工程

组织团日活动

没有丰富的经验,也没有过人的思维,她觉得自己能做的,就是听从老师的指导和安排,尽职尽责、保质保量完成自己应该做的工作。"每一次团干部会议,我都能收获很多,包括工作方法、技巧啊,还有一些老师'安利'的好的学习资源之类的,都很受用。"参加同济大学青马工程期间,每一次讲座、会议、实践活动,她都很认真地参与。"因为我觉得不能把这些当作是任务,而是我们作为团干部的责任,这样想,工作做起来就很有干劲;而且进步都是从细微处来的,我们要珍惜能从学校、老师处讨教的机会。"可能是某一句话,可能是某一个场景,都可能为我们带来成长。

"数院*学五"驻楼导师工作站部分活动照片

多个身份意味着多重责任，但也有加倍的机遇

研一结束时，表现优异的李文华被选举为同济大学数学科学学院研究生会主席，同时还担任了学生社区辅导员、院团委副书记等职务。"多个身份，虽然有多重的压力，但也意味着加倍的机遇。"她说承担多份学生工作，其实让自己有了机会去整合内容、链接资源，能将学生活动的效果更加放大化。

"在学习方面，新生所面临的主要问题是从高中到大学的转型，包括学习习惯、学习方法、学习思维等。"

她所担任辅导员的学五楼内均为新生，需要有老师学长的引导。2019年，学校正积极开展"三全育人"试点建设工作,首次在各学生社区建设"驻楼导师工作站",邀请教授学者进社区,近距离为学生传道解惑。而与学五楼对接的正是数学学院,她正好可以做好社区与学院之间的沟通桥梁。

"每一期活动我都忍不住想去现场看着,担心有什么岔子,想看看大家有没有收获,有没有什么改进意见可以传达给学院,不知不觉就当了一学期的一年级'旁听生'。"

与学院老师、楼长不断沟通,她亲自购置了工作站的"一砖一瓦";组织楼管会、研究生会成员合作成立了"学五导师驻楼工作小组",大家协调分工、各司其职,顺利开展了10期形式丰富、内容求实的驻楼导师活动。学五楼的驻楼活动期期火爆、好评不断,离不开老师们的博学多识,也离不开她所带领的小团队的默契合作。"社区真正地做到了'第二课堂',同时也为数院助学服务开辟了新阵地,'驻楼导师工作站'的建设具有一举多得的意义。"

做本科生成长的"贴心人"

新时代青年要"德智体美劳"全面发展,作为社区辅导员,李文华也积极申报建设"一楼一品"文化项目,通过爱国、安全、诚信、法治等一系列主题教育,营造文明团结、追求卓越的社区文化氛围,引领社区青年积极践行社会主义核心价值观。

学五楼主题教育

"在楼内办活动形式要新颖,内容不能空洞、浪费同学们的时间,更怕没有起到教育作用反而让她们觉得形式主义、引起反感。"

她经常走进学生宿舍,以朋友、学姐也是老师的身份,关心同学们的学习生活、身心健康,关注她们的思想动向,畅谈自己的经验与想法,及时澄清学生的模糊认识,拉近自己与学生的距离,了解她们的喜乐爱好,以便更好地开展工作。

学五楼的活动线上线下兼具,以朋辈引领、自我教育形式为主,寓教于乐,她用每一次的用心打动学生,陪伴和见证青年的成长,让社区真正达到全方位、全过程、协同育人的目的,更好地落实"立德树人"的根本任务。

积极"对标",勇于创新

"扶摇职上"职业训练营部分活动

在一次谈心中,老师告诉她"要成为一名优秀的学生干部,就要有敏锐度,要会对标党和国家的方针政策、人才培养要求去开展工作"。于是她时刻提醒自己要从"习惯性"工作思维中跳出来,要学会反思,创新工作方法、工作内容,更好地服务青年、引领青年成长。

"我自己是一名硕士生,硕士生很大的需求就是做好学术、找好工作。"

研会每年两次的博思论坛都是围绕学术分享展开,最近一次更是推陈出新,采用翻转课堂,邀请学生走上讲台、邀请教授作为点评嘉宾,以分享促交融、以点评促提高,营造学院学术氛围,将"同数前沿论坛"打造成具有影响力和作用力的研究生学术文化平台和思想政治教育平台。

高等教育改革中提出要强化就业服务体系建设,支持帮助学生走好迈向社会的第一步。在老师的指导下,她又带领研会同伴积极了解同学需求,整合院校、企业资源,在数院推出了"扶摇职上"职业训练营,通过设置积分制提升同学们的参与感,通过干货满满的系列课程提高同学们的获得感,引领同学们职业启航。

在疫情期间,由于无法开展线下工作,融媒体中心也适时推出了"云端就业工坊",力所能及地为即将实习、毕业的同学提供信息与服务。

团团云端行动 | 疫情之下,同数青年在关注些什么、思考些什么

第1期,"团团云端行动"为大家带来的是同数青年在这场疫情期间的所思所想…

同济数学青年 5天前

团团云端行动 | 关于缓解春季焦虑,研究生第三团支部来教你几招

"团团云端行动"第2期就为大家整理带来了他们的心理健康"知识点",一起来…

同济数学青年 3天前

团团云端行动 | 在家上学?同数青年课余生活这么过!

"团团云端行动"第3期就来和大家分享同数人的宅家生活啦! 卧室就是图书馆…

同济数学青年 18小时前

团团云端行动 | "想把鼓励说给你听"

2020年03月"团团云端行动"第4期就来为大家"直播"18级试点团支部的线上…

同济数学青年 18小时前

云端战"疫"

不忘初心,战"疫"担当

2020年的春天,全国上下凝聚一心,与新冠疫情作斗争。在这场宏大的家国叙事中,没有人是旁观者。

疫情之下,作为学生党员,她没有忘记自己的使命。作为学院融媒体中心的负责人之一,她协助学院建设"同数战疫行动"公众号专栏,于"云端"发声、在"幕后"行动,全过程参与栏目设计、内容策划、素材采集、撰稿编排等,挖掘同济数学人在

疫情期间的事迹故事,累计推送30余篇抗疫文章,起到了良好的宣传与教育作用。这便是她的"战疫"担当。

"其实我也会有'恐难'症,怕被老师'找上门',怕和同学们沟通不顺畅,怕写出来的稿子不够好。"但她记得老师的一句话,"尽人事"就好,只要努力了,那这个过程就是有意义的。与老师、与学弟学妹们一次一次的沟通、完善、磨合,在她看来也是一部分成长中的收获。

"尤其是志愿者的几期推送,真的都怕学弟学妹们'烦'自己了,所幸大家都很友好,很相互理解,很感谢他们在辛苦工作之余还要受自己'叨扰'。"

第一次写这种类型的稿子,有点手足无措,参考其他媒体新闻、和学生会的同学们商讨、抓耳挠腮……三篇"志愿者行动侧记"也算是顺利"出生"了。只要几位同学的故事能真正走进一些人的心里、触碰到他们的一些东西,那做这个工作就是有意义的。

"成为院团委副书记后,我其实还没有做过太多实质性的工作,这次的线上团日于我来说是一次和各位支书、各团支部拉近距离的好机会。"

"动脑筋、动心思、动手脚、动真情",这是数学科学学院在防疫工作简报中对数院青年提出的倡导。为了更广泛地带动全院青年行动起来,在团委老师的指导下,她又牵头负责了数院2020春季线上特别主题团日,动员全院14个支部参与,指导各支部开展主题团日,和融媒体协作完善成果并推送展示。"这是融媒体第一次和各个团支部协作,很需要大家一起努力探索磨合。"因为支部比较多,从前期的内容以及板块设计,到准确地传达给各个支部,再到后期的内容整合、不断地沟通修改,大家都是第一次尝试这个模式,难免出现一些疏漏或者误解,但大家都互相理解、互相适应,不断磨合,最终让数院宣传口更具影响力、也加深了团组织在广大团员青年中的影响力,所有的尝试与努力都是值得的。

> "每一件工作都是磨炼自己的机会,我希望能在细水长流的学生工作中与同学们相互影响、共同成长,也很感恩学校、学院和老师提供的每一个平台。"李文华希望未来的自己能保持初心,不忘青年人的使命担当,带着热情与坚定,步履不停。

李嘉伟：从多面的生活中，发掘最好的自己

李嘉伟

李嘉伟，男，共青团员，宁夏银川人，2018级材料科学与工程专业硕士研究生。硕士期间曾担任同济大学研究生会副主席、材料科学与工程学院研究生会主席、班长等职务。曾获同济大学优秀学生干部、同济大学一等奖学金、同济大学社会活动奖学金、上海台界杯土木工程材料设计大赛一等奖等荣誉。在校期间多次承担各种晚会及音乐会的主持任务，联合课题组同门共同创办上海砼科科技有限公司，并获得同济大学创业谷"雏鹰计划"30万元项目资助。

心怀感恩之心，用力行回报母校培育

在同济大学四年的本科生涯中，李嘉伟只是一个再普通不过的学生：白天踏实上课，晚上巩固复习，偶尔和朋友享受运动和美食。转折发生在大四那一年，李嘉伟成功获得保送研究生的资格。"得知保研成功的那一刻，我的脑海里像看电影一样回放了在这里学习的四年。我意识到自己对学院、对学校充满了热爱与感恩。"怀着这样的心情，李嘉伟萌发了要为学院的老师和同学们服务的想法，希望在研究生阶段，除了做好科研本职以外，还能够在学生工作领域回报母校。

"对母校最好的回报，就是身体力行，用实际行动为她服务。"在一年半的硕士生涯中，李嘉伟在辅导员周龙老师的指引下，成功当选材料学院研究生会主席以及同济大学研究生会副主席。秉承着校院两级研究生会的宗旨，李嘉伟带领身边的小伙伴，用心筹备每一个活动，努力为师生奉上最精彩的活动体验。

"我的快乐，是看到参与者通过我们的活动收获满满而感到快乐。"回看这一年的学生工作，从部门的干事到研究生会的骨干力量，李嘉伟办砸过活动、受到过批评，但也坚持着从一次次负面情绪中走出来去完善改进。在这个过程中，他深刻感悟到作为一名活动组织者的责任与担当："将活动的美好愿景扛在肩上是每一个团队负责人的职责。"通过这些学生工作，李嘉伟找寻到自己作为一名同济学子更

多的人生价值。

2019年9月 同济大学材料学院开学典礼上作为老生代表发言

挑战无限可能,用竞技塑造坚强人格

在同济的日子里,李嘉伟参加了学院所有球类运动的院队,运动场上总少不了他拼命奔跑的身影。"体育竞技场,同样也是坚强人格的塑造场。"李嘉伟认为体育竞技不但能够培养强健的体魄,为挑战无限可能夯实身体基础,更能够锻炼坚强的意志,助力未来的逐梦之路。

"想要成为一个什么样的人,就要勇敢去做什么样的事。"在同济大学材料学院的新生开学典礼上,李嘉伟真诚回忆起自己这段经历,鼓励大家在体育竞技中磨练坚强人格,不惧挑战,不畏失败,勇敢突破。

追梦舞台中央,用声音传递真情力量

"一个好的主持人,是和节目融为一体的。我很喜欢站在舞台上的自己,希望舞台上的自己能与那些精心编排的节目一道,传递出更多的真情与力量。"得益于平时有意识的训练,李嘉伟经常参与大型晚会的主持工作,从汇集五湖四海高中生的汇报表演,到播撒高雅艺术的钢琴小提琴联合音乐会,都能看到他西装笔挺、自信昂首的身影。

"主持人这个角色带给我的幸福感大概就是有幸作为那个晚会核心精神的传递者。"李嘉伟表示,无论是红色歌会还是高雅音乐会,自己从写作串词到现场主持,不断体悟到每一个节目被赋予的独特意义,感受到演出者为节目所倾注的心血。

李嘉伟在主持"漫步中西·感悟四季"钢琴小提琴音乐会

除了主持之外,李嘉伟对朗诵也拥有极高的热情。为了体现同济大学研究生会的阳光精神风貌,李嘉伟同其他研会成员一起在 2019 年枫林节开幕式上朗诵了"我们都是追梦人"。

渴望学以致用,用热爱实现创业梦想

作为一直鼓励创新的同济大学混凝土外加剂课题组的一员,除了对专业知识的学习之外,李嘉伟也总是保持着探索未知领域的热情,渴望将自己所学真正地运用到生活当中去。在导师的指导下,李嘉伟与另外两名课题组同学携手创办了"上海砼科科技有限公司",并获得了同济大学创业谷"雏鹰计划"30 万人民币资助。

"创业的梦想一直都深埋在我心里,但真正萌发还要源于一次头脑风暴。"课题组聚餐时谈起建材行业的进出口贸易,其中存在的一个巨大壁垒是下游厂家对于上游供货商产品的不信任。这个需求点瞬间激发了李嘉伟对于建材进出口行业的兴趣，他立刻开始着手调查建材进出口行业的行业背景，查阅了大量的官方及民间资料，仔细评估了以现阶段掌握的资源可以进入行业的哪个领域。

"大众创新、万众创业的大环境下，成立一家公司并不困难，难的是要保证每一单业务的正常运转。"为了及时完成客户的要求，李嘉伟经常需要在很短的时间内赶到上游供应商所在地进行实地考察，利用自己的专业知识判断产品品质，快速得出初步结论，进而与同事们进行讨论。

谈及对未来的规划，李嘉伟也有他自己的期待："无论是什么样的工作，只要去努力做好自己该做的本职工作，就是在为社会创造价值与收益，所以我希望自己能够在未来的工作岗位上立定脚跟做人，踏踏实实做事，永远保持着对工作的热忱与热爱，也永远期待每一个因为努力而取得的成果。"

> 李嘉伟最大的希望，是永远保持对生活的激情，因为他相信，只要抱有梦想和期待，青春便不会结束。不断尝试，不断突破，不辜负每一分拼搏与努力，在多面的生活中成为更好的自己，传递青年人的时代强音！

杨嘉琦：以科研报效祖国，用学生工作服务师生

杨嘉琦

杨嘉琦，男，中共党员，吉林省东丰县人，2017级土木工程学院建筑工程系建筑与土木工程专业硕士研究生。硕士期间曾担任同济大学土木学院研究生会主席，文艺部部长、干事等职务。曾荣获2019年度硕士研究生国家奖学金、2019年度同济大学优秀学生、2018年度同济大学社会活动奖学金、2018年度同济大学优秀学生、2018年度同济大学优秀研究生干部等奖项，获同济大学五月科技节优秀作品奖等荣誉。在读期间发表SCI论文3篇，EI论文1篇，核心期刊1篇，发明专利4项。目前正在同济大学攻读博士学位。

"科研是研究生的首要任务，努力追逐科学家的梦想"

研究生阶段，杨嘉琦不忘自己成为科研工作者的梦想，希望在土木领域做出一些成绩，报效祖国。他研究生一年级的平均学分成绩达到85.3/100，硕士期间参与国家自然科学基金资助项目"基于平扭偶联局域共振有限周期性结构的储液罐隔震机制"，并且发表SCI期刊3篇（2个一区，1个二区），发表EI期刊1篇，核心期刊1篇，发明专利4篇，另外还有10篇专利在受理中。他积极参与学术会议，2018年参加第六届全国土木工程结构试验与检测技术暨结构试验教学研讨会，并做汇报。硕士研究生在读期间他获得2019年度硕士研究生国家奖学金，参加同济大学五月科技节大赛，其中10个参赛作品获奖。2019年11月他提前半年完成硕士学位论文，获得工程硕士学位，并在2020年开始攻读博士学位。

勤奋学习科学文化知识的同时，杨嘉琦也在积极参加社会实践，积累了宝贵的实验。他在上海建筑设计研究院实习期间，参与了上海市提篮桥商业区项目的结构设计。2019年暑假他参与了同济大学暑期社会实践的两个项目，其中"东京垃圾分类调查与助力上海推进垃圾分类"为院级项目，"千万广厦，世纪传承；百年土木，砥砺前行——献礼祖国七十华诞"入选校级项目。在社会实践中他不断将所学

知识运用到实践中去,并在实践中不断反思,不断进步。

除了学习与社会实践,杨嘉琦也拥有着自己的业余爱好。他在本科期间在校艺术团担任单簧管乐手,热爱书法、国画。除此之外他平时学习摄影、剪辑视频,有着丰富的文化生活。

作为研会主席的他,很好地带动了研会的科研氛围,身体力行,为研会的同学们做出工作科研两不误的榜样,并经常在建工系各个班级的班会中做分享,感染了一大批同学。他积极倡导开展学术类活动,营造学院的科研氛围,在他的带动下,学院主动参与科研和学习讲座的同学逐渐增多,促进同学们互相勉励,共同进步。

"学生工作强度大,占用时间,但是看到学院的发展,一切都值得"

每年的毕业季和开学季是研会一年中最忙碌的时间。在开学季,为了让新同学能快速适应新的环境,主席团和部长团们一起连夜制作选房视频,为了剪辑选房视频,杨嘉琦和他的伙伴们一起熬到了凌晨5点。"后来这个视频在全校范围内推送,我真的为我们的研会高兴,因为这为我们打响了土木研会的品牌。"毕业季,研会要为将要离开校园的师兄师姐留下美好的回忆,早早地做好了学位授予仪式策划。为了指导研会同学们在各个环节上不出错误,杨嘉琦在毕业典礼当天全天在岗。"毕业季那天我的微信步数走了4万步,但是看到老师家长学生都很开心,我觉得自己的努力没有白费。"为了给同学们提供丰富的课余生活,杨嘉琦在新的学期组织研会策划和进行了60场包括学术、艺术、联谊、求职、思想引领等在内的品牌活动。在他的带领下,土木研会的活动范围已经从院内活动变为校级活动,甚至校际活动。其中有代表性的是"术业有道"学术研究和留学规划分享;星空讲坛——跟苏轼学怎样读书活动,邀请到知名作家马伯庸为上海学子带来了主题分享;"说出你的故事"沪上高校青春故事会活动(包括上交、华师大、上财、上外等6个高校)。杨嘉琦在任期间举办各类学生活动60余场,累计参与人数5 000多人次,累计推送阅读量30 000次。"尽可能满足同学们的需求是研会永恒的追求。"杨嘉琦如是说。

"为学院承办各种大型活动,承办各种国际会议,是促进土木学院成为一流学院的必要活动,因此研会有义务协助学院承办这些活动,一个好的学院品牌对学生的未来也是好的。"2019年是同济大学土木系科成立105周年,为了庆祝这个日

学院研究生会全体骨干与院长、书记合影

毕业照现场

子,杨嘉琦带领研会花了2周,为学院奉献了一个完美的庆祝晚会。2019年也是土木学院迎接教育部"双一流"学科视察的关键一年,杨嘉琦带领研会同学们制作展板,并作为志愿者队长为"双一流"推介会服务。2019这一年,研会共承接志愿活动20多次,硕果满满。"这些工作占用了我大部分的学习时间,因此我不得不白

毕业季活动现场

与校团委书记陈城、嘉宾马伯庸合影

天工作、晚上科研,虽然辛苦,但是觉得生活非常充实,能为学院的发展尽我的一分绵薄之力我很开心。"

"研会的另一个职责是培养一批有责任有担当的学生骨干"

作为研会主席,杨嘉琦经常组织研会的内建活动和全员大会,目的在于和同学们培养感情,并感染大家,让大家拥有为学院、为学校奉献的精神,并在未来成为祖

土木学院"双一流"推介会现场

土木系科105周年纪念活动志愿者合影

国的栋梁之材。除此之外,研会还经常承接院团委、校团委以及团市委下达的任务,每一次他们都圆满地完成这些重要任务,为学院和学校争光。2019年,在研会的努力下,土木学院团委成为上海市五四争创先进单位,土木学院团委正在为五四红旗标兵的争夺做准备。

同济大学9·3国家烈士纪念日主题纪念活动

上海市五四红旗团委争创活动

土木研会全员大会

"学生工作也是一个充满了知识的课堂,在这里我学到了责任、担当,也提升了沟通与管理能力。"服务师生,服务学院,在繁忙的科研工作之余,杨嘉琦将全部的课余时间都献给学院的学生工作。他希望用自己的努力为学院的"双一流"建设尽一分微薄之力,希望用自己的汗水换来学院师生丰富的课余生活,希望用自己的热情助力学院的团学工作顺利进行。

冷　涵：追求卓越，勇攀高峰

冷涵

冷涵，男，中共党员，黑龙江绥化人，2017级同济大学铁道与城市轨道交通研究院交通运输工程专业硕士研究生。曾任同济大学铁道与城市轨道交通研究院研究生会主席，研究生第三支部宣传委员。曾荣获研究生国家奖学金、同济大学社会活动奖学金，荣获2017年全国研究生数学建模竞赛三等奖，荣获同济大学优秀学生干部、同济大学优秀学生标兵、同济大学优秀研究生干部、同济大学优秀志愿者等荣誉称号。曾在车辆动力学领域顶尖国际期刊 *Vehicle System Dynamics* 发表论文一篇，曾两次出国参加铁路领域顶尖学术会议，并作大会报告。

潜心科研，砥砺奋斗

冷涵怀揣着科研兴邦的理想，始终将学习科学文化知识、提升科研实力作为第一要务。"工欲善其事，必先利其器"，他认真踏实地上好每一门课，学习成绩优异，名列前茅。在完成课程学习之余，他积极参加国家级学科竞赛，获得2017年全国研究生数学建模竞赛三等奖。

"交通强国，铁路先行。"中国铁路的飞速发展已经成为一张闪亮的"中国名片"，他感到与有荣焉的同时更是激发了自己对科学研究，尤其是对铁路车辆动力学的深厚兴趣。2019年6月，他在车辆动力学领域顶尖国际期刊 *Vehicle System Dynamics* 发表一篇题为《Radial adjustment mechanism of a newly designed coupled-bogie for the straddle-type monorail vehicle》的学术论文，为城市轨道交通车辆关键部件问题提出新的解决方案，并获得业内专家的一致肯定。在潜心科研的同时，他不忘开阔眼界，先后于2018年9月和2019年8月赴荷兰和瑞典参加铁路车辆动力学领域的顶尖国际学术会议。他了解国际研究进展，紧跟技术热点、难点，并在第二十六届 IAVSD International Symposium on Dynamics of Vehicles on Roads and Tracks 国际会议上作大会报告，与来自世界各地的专家学者交换意见，互相学习。冷涵在砥砺奋斗的路上始终努力让自己成为一名具有国际视野的优秀研究生。

在第二十六届 IAVSD International Symposium on Dynamics of Vehicles on Roads and Tracks 国际会议上作大会报告

作为工科专业的学生,要把所学到的知识技能应用到实践当中,要把论文写在祖国大地上。2018 年 10 月,他参与到国家重点研发计划——"公共路权运行环境下非轮轨接触导向运输系统关键技术与装备研制"工作中,并承担其中一项子任务,为新一代城市轨道交通系统关键技术的研制献出了自己的一份力量。他扎根祖国大地,把科研梦想拓宽延长。在 2019 年的年尾,他和课题组成员来到青海省德令哈市,克服寒冷的气候、高原反应以及匮乏的人员物资等一系列问题,完成了在青藏高原的一次现代有轨电车测试工作,为国家高寒地区城市轨道交通的建设积累了宝贵的实践经验。

在理论研究的基础上,他积极投身车辆动力学试验:于 2019 年 10 月参加了佛山氢能源动力学试验,于 2019 年 6~7 月赴香港完成了香港轻轨动力学测试。

追求卓越,全面发展

在苦练本领、增长才干并取得优异成绩的同时,冷涵不忘将这份精神传递下去,带动学院同学共同提高,起到先锋模范作用。他在任同济大学轨交院研究生会主席期间,积极投身学生工作,带领干事进行团队建设。在一年的任期内,他多次组织活动,代表学院参加各项学工活动、会议,服务学院,团结同学。

赴嘉兴南湖中共一大会址加主题党日活动

参加上海铁路局集团"不忘初心跟党走,青春建功新时代"集中主题团日

2017年5月,冷涵组织同济大学轨交院与上海大学悉尼工商学院联合举办"体验智慧轨道交通 享受美好科技生活"校际联谊交流活动;2017年11月,组织举办"学习党的十九大精神"同济—华师大校际交流活动。两次跨校联谊活动,为同学们提供了一个高起点、多领域的交流平台,并与各兄弟院校结下了深厚的友谊。2018年5月,为增强学生干部的凝聚力、提升学生干部的工作能力,在辅导员老师的协助下,冷涵组织研究院学生干部赴嘉兴南湖参观学习,缅怀革命先辈,重温革

命历史,感召学生干部的时代责任感和使命感。2018年10月至12月,他策划并组织举办了2018年轨交院"溯轨济,梦芳华"迎新晚会,展现了研究院师生的青春与活力,提升了研究院学生的凝聚力。

坚定信仰,济人济事

冷涵在政治思想上时刻以一名优秀共产党员的标准严格要求自己,拥护党的路线、方针和政策,关心时事政治,关注学校的改革与发展。热爱集体,尊敬导师、团结同学、乐于助人,力争成为同学的榜样。

他在完善自我的同时积极参与到研究院的基层党建活动中,曾任同济大学轨交院研究生第三支部宣传委员、教研室党小组组长。2017年11月,与武警上海市消防总队浦东支队世博大队周渡中队共同举办"军民共建 争做'五守、五好'青年"活动;2018年6月,与上海市公安局水上公安局巡(交)警大队和上海轨道公交总队警犬支队共同举办"不忘初心 警民共建"活动。这两次外出学习交流活动,激励了同学们勇做追梦人,在各自的岗位上奉献力量、造福人民。此外,他还带领支部党员学习《习近平用典》,参与"对标争先"微党课制作等活动。

冷涵在思想上追求上进的同时,行动上积极践行济人济事的优良作风。他热心公益,服务社会,曾担任第十九届亚太汽车工程年会 & 2017中国汽车工程学会年会暨展览会志愿者,担任2019年"筑梦上海 青春畅想"长三角大学生上海地标设计赛志愿者,也曾担任其他校内外各大活动志愿者,曾获同济大学社会活动奖学金、同济大学优秀志愿者称号。

> <u>冷涵身上很好地体现了努力奔跑的追梦人精神,他思想态度端正,追求卓越,敢于创新,具备良好的道德品质和踏实的工作作风,是新时代优秀学子的代表。</u>

张轩铭：嘉定草色青袅袅，同舟河上桨声声

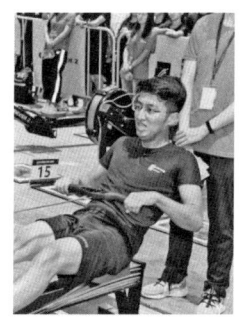

张轩铭

张轩铭，男，共青团员，浙江杭州人，2017级中德工程学院机械电子工程专业本科生。曾担任同济大学世联行赛艇会经理、同济大学赛艇协会会长、同济大学朋辈人才导师、机械电子工程专业学习委员等职务。曾荣获拜仁慕尼黑奖学金、同济大学一等奖学金、同济大学社会活动奖学金、同济大学优秀大学生、同济大学"最美寝室长"、全国大学生赛艇锦标赛、校运会等体育竞技类赛事奖项若干，上海市创新机器人大赛、物理竞赛等理工科竞赛奖项若干。

兴趣所向，便是舞台

"好奇心不会害死猫的，凡事都要敢于尝试。"和赛艇队的缘分，真的是一场巧合。2018年9月刚搬来嘉定校区的张轩铭在军训期间误打误撞报名了同济赛艇协会举办的军政训练划船器大赛，而在参赛过程中他第一次见到了赛艇，那又尖又窄又长的船只一下子吸引住了他的目光，让他站在赛艇前久久不愿离开。于是，在赛艇协会学长的介绍下毫不犹豫报了名。赛艇从此变成了他大学生活里最重要的一部分，他没有想到一条赛艇能给他带来那么多积极而正面的力量。

"在慢慢参与赛艇运动后，我发现很多同学对这项运动的陌生和恐惧，是因为他们觉得这是一项专业运动，不敢轻易尝试。然而，如我最早也是小白一枚，现在已经参与了多次赛艇比赛，生活中有很多事，你不试一下怎么知道自己不行呢？这是我在加入赛艇队之后的第一个感受，每个人的潜力都是无限的。"张轩铭笑着说。

在加入赛艇队之初一次去上海东方绿舟水上运动中心模拟划桨池训练时，路过专业队水上训练场地，看到航道上百舸争流，岸边几个教练骑着自行车、拿着大喇叭疯狂地追着自己水里的学员，时不时地还喊两句注意动作，或者给他们加油打气。张轩铭说："我站在岸边，看着波光粼粼的水面，彻底迷上了这项运动。"

凌晨同舟河畔的赛艇训练

唯有坚毅，方能突破

很多个凌晨的 5:30，当嘉定校区还被夜色笼罩，当大家还在梦乡里，张轩铭就和赛艇队的同学们在同德楼的船库门口集合了。他们小心翼翼地扛着船和桨吭哧吭哧地走向校门口的同舟河，教练则打开汽车远光灯缓缓行驶在他们后面。车灯穿透凌晨夜空下的薄雾，为他们探照出一条路。这对于第一次参加晨训的同学可能是非常新鲜的，但能坚持下来的同学少之又少。尤其是冬天，在冰冰凉凉的室内揉着惺忪睡眼听着外面凛冽的寒风撞在玻璃窗上的声音，早起和出门对同学来说都是难上加难。

"每一次坚持晨起，每一次训练时的自我突破，每一次极限边缘的试探，都让我成为了更好的自己。"

"队友情深深几许。一起拼搏的感觉真好。"其实，对于张轩铭来说，加入赛艇队后难忘的不仅仅是这项运动本身，还有一条船上的兄弟们，一起起早贪黑训练的队友们。集体训练体力耗尽之际，队友的互相鼓励和呐喊为自己、为大家提供了源源不断的动力。

"共同的目标，义无反顾付出的友情，这无疑是最珍贵的。""同时，通过赛艇这项运动我们也结识了国内外高校的大学生运动员，知道在全国的各个角落里，有这么一群人同我们一起为热爱而努力。"

张轩铭和队友代表同济大学参赛

张轩铭同队友们赛后合影

尽早规划布大局,未来才能从容不迫

"同舟河上划赛艇,济事楼中赶课业。"当被问起是如何在繁忙的训练中安排好自己生活的,张轩铭同学特别强调了时间管理。什么时间该干什么,每天什么时候去训练比较合适,他都会提前根据课程规划好。加入赛艇队后,越来越少的课余时间,让他更加懂得时间规划。正是如此,他取得 2018—2019 学年专业第一并斩获拜仁慕尼黑奖学金。

"笨鸟先飞,相信努力总有回报的那一天。"听到我们夸他学霸,张轩铭非常不好意思地表示自己并不算是什么学霸,相反,他觉得自己并没有比其他同学聪明。他认为自己是笨鸟先飞型,就像平时上课,有些内容旁边的同学一听就明白了,而他却还要持续思考才能攻破;有些实验项目,很多同学三下五除二就搞定了,他却捣鼓半天出不了结果……"既然自己那么'笨',那当然要比其他人多付出一点努力啦。"

对他而言,学习和赛艇是一样的,后天努力是可以弥补先天差距的。

提到有什么想对学弟学妹们说的,张轩铭不假思索地说:"要尽早做大学生涯的规划。"他说,规划这两个字所有人都听过无数遍,却很少有人去把这件事做实了。很多人不知道怎样规划,这时候可以寻求师长帮助,多渠道了解一些可能遇到的问题,试着用长远的规划来解决这些问题。特别是中德工程学院的同学们,更要学会在繁杂的课业间隙思考未来,提前准备出国事宜。"每个人的路不尽相同,只能自己一点点地走出来。"

> 谈及未来,张轩铭流露出些许遗憾,因为第四学年要前往德国交流一年,这对他来说,意味着留在同济赛艇的日子也屈指可数了。"在划船器上,每划一桨就少一桨,时间的流逝我们谁也逃不过。"张轩铭希望更多的同济师生能加入赛艇运动中,去感受水的柔性与韧性,去收获比想象更多的惊喜!"在凌晨五点半的同舟河上欣赏日出,那是嘉定校园里最美的景色。"

陈 琪：勇于尝试，勤于实践

陈琪

陈琪，男，中共党员，四川攀枝花人，2017级土木工程学院建筑与土木工程专业硕士研究生。硕士期间曾担任同济大学土木工程学院研究生会部长、共青团同济大学土木工程学院委员会副书记（兼职）。曾荣获同济大学优秀学生干部（标兵）、同济大学社会活动奖学金、同济大学优秀学生干部、同济大学暑期实践"先进个人"等荣誉，所在学院团委成功创建上海市五四红旗团委。

始于懵懂，勇于尝试

"我一开始加入研会，就是想着给自己的研究生阶段找点别的事情做做，多认识几个朋友，多参加点课外活动，丰富一下研究生阶段的生活。"

2017年9月，当时还在新生周的陈琪，听了土木研会的招新宣讲后报名参加了土木工程学院研会，并成功加入了同济大学土木工程学院研究生会职业发展部。本科时期的他没有参加过像学生会、研会这类的学生组织，自然也不知道需要在这些组织里干什么工作，更不知道他将会在土木研会和土木团委度过自己的三年时光。

"其实刚开始就是完成属于自己的任务和工作，每个人都有自己的分工，但是我的脑洞比较大，喜欢提一些新点子来尝试。"

从2017年开始有很多的公司使用H5快闪进行招聘宣传，形式新颖吸睛，他把这种宣传形式运用到了很多研会的活动宣传中去，获得了很好的宣传效果。

随着互联网上各种街头采访类节目开始流行，他结合部门特点也拍摄制作街访短视频，再到后来为毕业季制作主题毕业MV。

经常参加传统讲座活动的他，发现这种分享形式互动性有限，于是在讲座中开始尝试以沙龙分享的形式进行交流，演讲者与观众可以零距离深入交流，现场效果出乎意料地好。

"能拿出来讲的都是做出一点东西的，其实还有很多没做出啥成果的想法。但是一旦自己的想法得以实现，就会觉得之前的付出全都是值得的，这种满足感会让委屈、疲惫、低落这些所有的负面情绪一扫而空。"他笑着说道。比起按部就班地完成任务，陈琪更愿意多做一些新鲜的尝试。

"现在看来感觉最重要的是勇敢地迈出第一步，就像我加入研会，就像我第一次尝试快闪、第一次做街头采访、第一次做任务尝试，最重要的就是勇敢迈出第一步。"

勇于担责，甘于传承

"刚成为部长开始带学弟学妹们的时候还是有些焦虑，很怕自己把一个好好的部门给搞黄了。除了带大家办好活动，完成任务，更要搞好团队建设。"

成为部长后的陈琪也有了更大的压力，更多的责任。这时候的责任不单单是带着部员们做好一件事就行了，团队建设也十分重要。节假日，他会给部员们准备一些小惊喜、小礼物，写个祝福贺卡以表心意。

除了组织团建"轰趴"增进大家感情，年末还会搞个年终总结带大家回顾一下去年的酸甜苦辣，增强大家的归属感。

"以前从事一件工作更多是考虑怎么做、怎么做好，现在更多是考虑这件事该不该做、做了有什么意义。"

陈琪经历了从执行者到设计者的转变，从如何做好一件事到如何做好一件有意义的事的转变。从一开始只是专注于服务同学的求职类活动，到后来开始从事站位更高的思想引领类活动，例如邀请港珠澳大桥幕后功臣徐伟教授传授同济智慧，传承信仰的力量，以及深度参与上海市五四红旗团委的争创工作。

"越到现在这种感觉越强烈，我们都是要毕业的，手上的火炬是要交给学弟学妹们的，也很庆幸的是现在土木团委、土木研会有很多这样的优秀的同学，未来会继续在这个组织发光发热。"

勤于实践，敢于反思

"扎根中国大地是同济人的初心，把论文写在祖国大地是同济人的信仰。"

连续两次参加同行计划挂职锻炼的陈琪，在同济大学社会实践报告会上分享挂职体会时这样说。做到3米长的分工节点流程图、写到了20多页的请示报告、开幕式前夜核对了无数遍的座次图都是他在挂职锻炼时的工作缩影,为了圆满完成挂职期间的工作,他主动延长挂职一个月。也正是因为在同济的历练和成长,他才能在挂职岗位圆满完成自己的任务,获得领导和同事的认可。

陈琪在同济大学社会实践报告会分享挂职体会

挂职期间工作合影

"参加同行计划挂职锻炼带给我最大的收获应该是明确了我的未来规划。以前我在很多公司实习过,在公司努力工作的成果就是公司攀升的业绩、漂亮的年报,然而作为一名选调生工作,努力工作带来的成果是地区经济、产业发展、人民生活等方面实实在在的改变,这两种成果对于个人价值的体现还是有很大区别的,我个人更倾向于后者。"勤于实践能够明确自己的规划,正如陈琪通过暑期挂职锻炼,明确了自己的职业规划是成为选调生。

"其实和大家都一样,我也有很多方面做得不够好,很多方面有疏忽,也会经常被老师们批评教导,但是也正是由于这些批评我会不断地反思自己的不足和过错,不断激励自己变得更好。"始于懵懂,勇于尝试,守于责任,甘于传承,勤于实践,敢于反思。陈琪从团学工作到挂职锻炼,将论文写在了祖国大地上。

林　可：在探索中找寻自我，在团队中收获力量

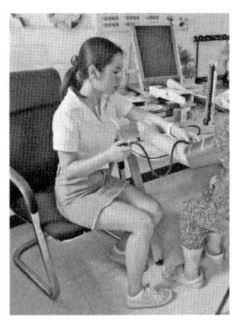

林可

林可，女，共青团员，四川成都人，2017级医学院临床医学（贯通培养）专业本科生。曾担任同济大学医学院学生会主席、医学院学生团委副书记、班级团支书等职务。曾获得国家奖学金、同济大学二等奖学金、同济大学医学院泰禾奖学金等奖项，曾获同济大学优秀学生干部、同济大学优秀学生（标兵）、同济大学优秀院学生会主席等荣誉称号。曾代表医学院参加第十七届国际生理学竞赛并获得团队笔试第五名。

夯实专业，拒绝"肝"夜

"学着学着，就对医学有了感情。"大一时，刚进入大学校园的林可和大多数人一样，都在专业的选择中迷茫着，或许有一些选择医学的理由，但那都无法说服一个天马行空的女孩为了这个专业奋斗终生。直到进入医学专业课的学习，"有的老师上课时，你会发自内心地觉得，就连花一分钟刷个朋友圈都是在浪费时间。"医学院的名师们带着他们一步步地感受医学的魅力，"有个晚上从一教上完PBL总结课出来，我深吸一口气，觉得第一次在老师的抽丝剥茧的讲述中，有了'醍醐灌顶'的感觉，就连月色也看起来如此美好。"是名师的教导、是医学的纯粹、是生命的奥秘让"医学"二字于她而言不再是介绍自己专业时的平淡之语，而是真切地变为了值得一生去追逐的梦想。

"其实也可以有不'肝'的医学，"她如是说道。热爱之后，便是全力追随。兴趣是先导，方法便是利剑，林可在提到她的学习方法时眼神里透露出了对学校的感激："开学初的'筑梦英才'夏令营的手账课教会了我可能会受用一生的时间管理方法。"每到期末，她总会踏踏实实用两三个小时写好一份期末复习计划，每天一个小钩一个小钩地划过去，"像打游戏闯关一样，失败的惩罚就只能熬夜，而我最讨厌熬夜。"这样的方法说起来容易，事实上却需要日复一日的坚持和总结，而这一切的

源头,对林可来说大概还是来自心之所向,无往不胜。

"垫底辣妹",同袍共进

"团队的每个人都用不同的方式为这个团队奉献着自己的优秀,我就在这样一个团队中飞速成长起来。"林可感怀地说道。在组建完毕国际生理学竞赛同济大学医学院参赛队伍后,林可被选入其中,但和其他的团队成员相比,她的基础相对薄弱,看原版英文教材速度较慢,刚开始学的时候确实比较吃力,也因此成为了每次集训的"重点关注对象",热心的队友每次见面总会斜着眼问她"书看了多少页了,某某章节复习完了吗?"一起训练完题目后也总是被"当众处刑"——"你这个section居然全错?"

医学院生理竞赛团队与主办方合影(右一)

"他们的'嘲'其实就是在鞭策我,这是我们的交流方式。"林可笑道。其实在很多个集训完毕的下午,他们都会聚在一起吃火锅,来自云渝川浙的四个人总是会笑着给彼此打气,在火锅蒸腾的烟雾中,她默默地想:"可不能一直被'嘲'了,那多丢人!"正是团队的力量让她在那个备赛的暑假有条不紊地发力,错题数目从30到20到10逐级递减,所有人的努力也让整个团队的实力不断攀升。最后在印度尼西亚大学举办的第十七届国际生理学竞赛中,他们的团队从来自世界各地的94支队伍中脱颖而出,获得了笔试第五名的好成绩,打破了历年同济医学院的参赛纪录。

"其实备赛是一件特别艰难的事情。"她感慨道。是的,准备8月底的赛事就意味着整个暑假无法回家、成为寝室里的"空巢少年人"、整日整日地泡图书馆,所幸所有的复习计划都是四个人一起商定,再一起完成,那个"寂寞"又"充实"的暑假,"多亏我们四个人在一起"。

"小个"主席,大步成长

"做学生工作不是为了简历上博眼球,而是你能真正体会到党和团究竟是如何指引我们这一代青年人追逐时代浪潮的。"小个子的林可在最开始上任医学院学生会主席的时候只能用一个词来形容——初生牛犊。新学期开始没多久,因为准备推进学生会改革有些操之过急,就和一位部长结下了梁子。在她苦恼于后续工作的开展时,医学院的团委老师宋老师找她谈了一次话,"有些事情得慢慢来,你或许可以这样做……"她受教很深。从最初干事、部长视角办活动,到以主席团视角指导活动、为活动保驾护航,她逐渐明白了做学生工作、办这些活动究竟是为了什么——追根究底是为了培养优秀青年,继而发挥优秀青年在同龄人中的引领作用。因此她与主席团一起,推进干部培养,推进学生会内机制的完善和改革,继而带领当届学生会获得了"优秀院学生会"的荣誉。

第三届医学院学生会主席团和指导老师(左二)

"与优秀之人为伍,才能愈发感觉自己的渺小,也愈发想要变得强大。"或许是在医学院的学生工作小有成绩,林可被两次选拔进入校团委组织的"青马工程"进行培养、进入第二届"殷夫班"。在校团委为他们铺开的新的平台上,这次她是"被培养"的对象,她在这一次一次的团课活动中,收获颇丰。有"赛道设计第一人"姚启明老师讲述追梦之旅,有实用公文写作的学习,也有奔赴湖南长沙的"实践性团课",甚至还有从团课上获取的灵感写的毛概论文获得了免考,最重要的是结识了许多优秀的学生干部们——他们中,有的已经早早地保送了清华、有的在各级学生组织都担任重要职位、有的已经去到国家机关实习过、有的是各种奖学金拿到手软……在与这些优秀的学生干部们接触的时候,她总会想:"这些都是同龄人中的佼佼者呀!我也得努力奔跑,才能有和他们站在一起的资本。"

第二届"殷夫班"合影(站立第一排右五)

感知担当,一往无前

"你总是能在不同的社会实践中,感受到自己应有的担当。"学生工作之外,林可参与了两次社会实践,一次去到福建进行医疗扶贫实践,她更加清晰地认识到祖国医学的发展还需要一大批像他们这样的医学生继续接棒前进;另一次去到湖南走访红色足迹,她感知到作为一名学生干部应有的抱负与追求——"勇立时代潮头,争做时代弄潮儿。"

林可在实践中为居民们讲解医学知识

肩承责任,心怀理想,现在的林可仍然在为了成为一名优秀的医生、优秀的"人民医生"而不懈努力。她坦言:"其实我知道,我不是最优秀的那个,但在追求优秀的路上,我一定永不止步。"医学道路,道阻且长,而林可,一直在路上。

修方涛：奋斗是青春亮丽的底色

修方涛

修方涛，男，中共党员，山东青岛人，2018级机械与能源工程学院动力工程专业硕士研究生。曾任同济大学研究生会副主席、热能制冷硕士班班长、机械与能源工程学院研究生会主席，曾获研究生社会活动奖学金、柏诚英才奖学金，曾获美国大学生数学建模竞赛二等奖、全国大学生节能减排社会实践与科技竞赛一等奖、全国"挑战杯"大学生创业计划竞赛银奖等奖项，曾获优秀学生干部标兵、优秀研究生干部等荣誉称号。

不懈奋斗，积极上进

在专业学习中，修方涛始终坚持以严谨的态度、刻苦的精神认真对待，成绩优良。在课余时间里他也努力充实自己，自主学习 MATLAB、Ansys 等多种专业软件，并顺利通过全国 CAD 高级水平考试、全国计算机二级考试，全国英语四、六级考试等多项考核。

"朝着目标奋斗的过程就是一个锻炼提高的过程。"

大三暑假，修方涛和队友们报名参加了在专业领域内含金量较高的大学生节能减排竞赛，他的团队打算设计一款针对打鼾人群的呼吸仪，通过改善人体吸进的空气为切入点开展项目。虽然选题不错，但他们并不被看好，因为制作这样一款产品专业难度较大，耗时较长，指导老师劝他们换个简单的项目来做。作为队长，他婉拒了老师的建议，并给大伙鼓劲："越是做不了的事情，我们就越要去尝试，这样的成功才有滋味。"在明确好团队分工之后，他带着大家一起查阅相关文献，学习电路知识，在图书馆一泡就是一整天，画图纸，做实验，日复一日地经过了一个月，最终在报名截止日当天完成了作品。他们的呼吸仪也从全国上千个项目中脱颖而出，杀入决赛，并最终斩获一等奖，为这个项目画上圆满的句号。

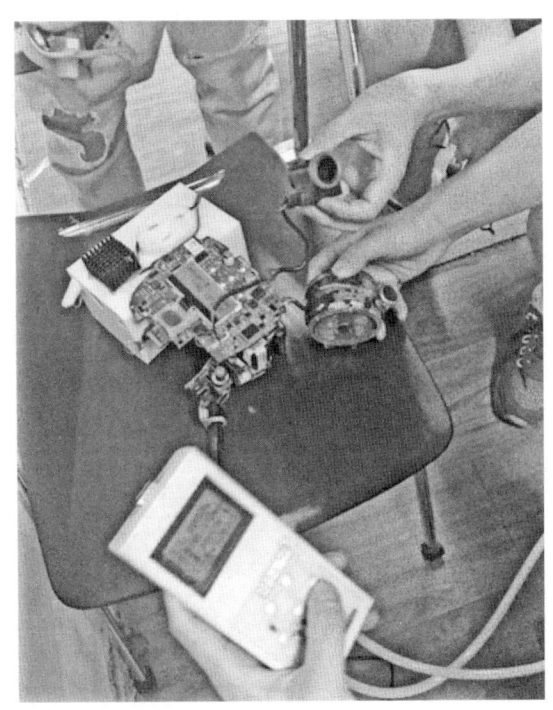

2017 年　暑假与团队成员一起进行实验

激情团学，不负韶华

"本科做了四年学生工作，不差这三年。"

研究生刚入学，修方涛便在第一次班会中主动担任班级班长一职。除了对待日常工作兢兢业业，他也注重按时召开主题班会，在思想上为同学们做好引领导向。为了提升大家对班级的认同感，在平安夜那晚，他和班上其他班委去附近超市为班上每位同学买了平安果。由于研究生无法集中，他们带着全班的苹果去学院楼挨个实验室地跑，确保把苹果送到每个人的手里，"让同学们认同这个集体，我们才是一个班级"。

于是便有了后来他申报学院"五好"示范班级创建时，被班长联合会邀请分享管理班级经验的经历。

在学院第一次研究生代表大会中，修方涛当选学院第二十一届研究生会主席。在他心里，研究生会是一个坚持为同学服务、以奉献和热忱为宗旨的组织。任职期

2018年　平安夜为班级同学送去平安果

间,他组织了学院大大小小几十个活动,带领院研会成员努力从学术活动、体育活动、团队建设、创新宣传等方面为同学们做好服务,希望与全体同学共同营造和谐的学院氛围。

与"ME"论坛邀请嘉宾合影

学术部举办的"ME"论坛是研究生会的特色活动,也是修方涛投入精力最多的活动,从前期找资源、联系老师,到中期看现场、抓流程,再到后期做总结,他就这样带领着研会团队在一年内完成了十八场论坛,不仅举办场次再创新高,也为不同专业的同学们提供了更多的学习交流机会,促进不同学科间的思维碰撞。

一年的研会生活令他获益匪浅,他也因此获得了优秀研究生干部、优秀学生干部标兵等荣誉。

青春如火,奉献如歌

修方涛在平日生活中性格开朗,乐于助人,除了在学校积极参加无偿献血、担任遵义会议纪念馆主题展览讲解员、参加"校友发展追踪调研项目"等志愿活动之外,还利用暑假的时间,在第六届中国研究生智慧城市技术与创意设计大赛和青少年高校科学营上海科学营同济大学分营等活动中提供志愿服务。

2019 年　暑假青少年高校科学营志愿者合影

"我时刻做着全身心投入的准备。"担任青少年高校科学营负责人的那五天,为了照看好来自全国各地的中学生,他经常是晚上查完房最后一个睡,早上天没亮第一个起,时刻关心着同学们生活的点滴。当时恰逢上海的梅雨时节,组织学生在校外参观游览的那天,下着大雨,路上堵车,由于分批次出发,学生不能同时到达黄浦江游览景点,那里的工作人员急催着先到的学生上船,修方涛等志愿者急切中不顾形象朝工作人员大吼:"孩子们没到齐,我们怎么能上船呢,安全谁来负责!"事后,他回忆道:"当时满脑子想的是既然孩子们交给我们,我就有责任保护好他们。"青少年高校科学营的经历给了他别样的体验。

谈及未来,修方涛说,担任什么角色,就努力做好该承担的责任;只有全身心地投入工作中,才会发现收获的是什么。用奋斗铸就的人生才是无怨无悔的人生,用汗水浇灌的青春才是最亮丽的青春。挑战追求卓越,梦想点缀青春,愿今后的日子一直美下去。

凌　琳：以梦为马，不负韶华

凌琳

凌琳，女，中共党员，江苏东台人，2017级建筑与城市规划学院城乡规划专业硕士研究生。硕士期间曾担任同济大学建筑与城市规划学院研究生会主席、全媒体中心社长、研究生第十六党支部副支部书记等职务。曾荣获同济大学优秀学生干部标兵、优秀学生、2018—2019学年度研究生国家奖学金、2017—2018学年度同济大学研究生社会活动奖学金等荣誉称号和奖项。

"夯实基础，才有追梦的资本"

学生，当以学习为首要任务，这是凌琳始终不敢忘记的。本科期间她认真对待每一门课程，掌握高效的学习方法，经过五年的不懈努力，终于以专业成绩排名第一、综合成绩排名第一的成绩推免至梦寐以求的同济大学。研究生阶段的她更是奋发图强，丝毫没有懈怠，迄今为止已修完毕业要求的所有学分，且共有8门课程成绩在90分以上。她两年内共参与科研项目6个（面上项目1个），实际项目5个，发表期刊论文3篇，国内外会议论文14篇。曾获得国家奖学金两次，2017—2018学年同济大学研究生社会活动奖学金等多项奖学金；曾获得2018—2019学年度同济大学优秀学生干部标兵和2017—2018学年度同济大学优秀学生称号。

"用爱心叩开志愿服务之门，用恒心追逐奉献他人之梦"

自本科以来，凌琳一直积极投身志愿服务工作，参加各类志愿活动达16项。她八年如一日的坚持源于一次被帮助的经历——2012年，那是她第一次离开家乡求学，校园里穿梭忙碌的"小红帽"深深打动了她，这使她坚定地叩开志愿服务的大门。本科刚入学的她毅然加入学院青年志愿者协会，主动放弃周末等节假日，坚持去地铁站做志愿者。她还心系燕子矶小学的孩子们，每两周会随日常支教团去为留守儿童上课。2013年她用整个暑假留在南京担任第二届亚洲青年运动会媒体运行助理,历时61天。在功课日渐繁忙的日子里,她不忘初心,依旧坚持参与每周的日常志愿服务,并组织两次暑期支教活动,与孩子们同吃同住近1个月。硕士期间她更是毫不犹豫地参加各类志愿服务,参与了CAUP 2017级迎新注册、第十四届金经昌论坛、2017 IEID国际会议、中韩建筑学生国际交流工作坊、2018 IEID国际会议等7项活动的志愿服务工作。

不仅如此,她更是希望尽其所能为老师同学服务,本科担任7项职务,研究生阶段担任建筑与城市规划学院研究生会主席、院全媒体中心社长、校研究生会学术部挂职副部长、院研究生第七党支部组织委员等5项职务。身兼多职的她总能将各类工作安排得有条不紊,热情、谨慎、踏实做事。

带着这份执着,在院研会的工作中,她曾策划组织院研会第二十九届及三十届迎新"破冰之旅"活动(2017/2018.09)、策划组

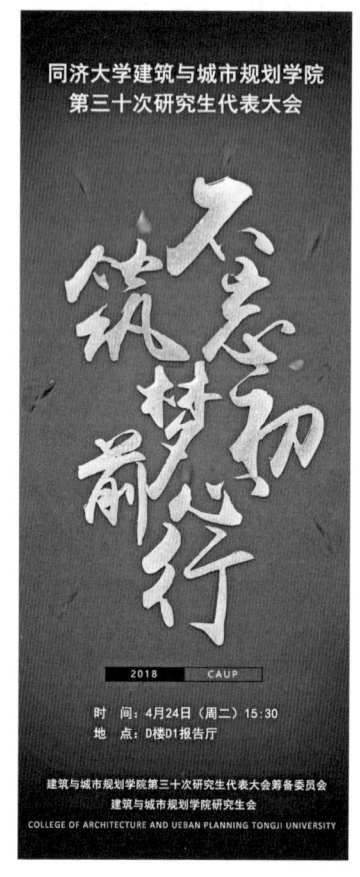

研究生会活动易拉宝设计

织院研会2017年"秀青春、忆韶华"年终晚会(2018.01)、全程统筹并负责学院第三十次研究生代表大会(2018.04)、组织举办华东院事业部交流会(2018.09),并且在"智风慧语筑未来"春令营(2018.03)中负责前期宣传及后期活动资料的收集整理工作。

她在CAUP全媒体中心工作中,能够做好组织工作,成为老师与同学之间共同交流的桥梁。她能够统筹好各部门的工作,为全媒体中心更好地发展出谋划策。在其他学生工作中,她也能够运用好自己所学的知识,为部门尽自己的一份力,如负责校研会学术部春季招新推送的制作(2018.03)、设计2017年"枫林节"闭幕式开场视频等。同时能够运用自己身兼多职的特点,增强各个学生组织之间的沟通,如与院职协一同举办华东院事业部交流会(2018.09)等。

在思想上,凌琳也毫不逊色,她希望能够为学院的党建活动献上自己的一份

研究生会活动任务推进工作表和资料存档

力。在支部工作中,她负责管理部分党员材料,为每一名新发展党员把好关,同时协助支部书记完成部分日常事务,曾参与组织参观陈云故居等党建活动。

"饮水思源、知恩图报,坚守建设美丽乡镇之梦"

所谓饮水思源,她始终将用所学回馈家乡、建设美丽乡镇视为梦想。为了让更多的业界人士了解自己的家乡,她向乡村规划与建设公众号投稿。为了更好地了解江苏农村的最新发展趋势,她走访了南京市近20个村镇,研究的"苏南农村电子商务发展的空间特征及影响因素"课题获2015年城市规划专业指导委员会社会调查佳作奖,并在中文核心期刊《江苏农业科学》发表论文1篇,她的毕业设计《南京市东门镇控制性详细规划》则被评为"优秀毕业设计"。硕士期间,她参加首届"绿点大赛"村庄规划竞赛,为四川遂平县云灵社区的规划出一份力,最终荣获三等奖。

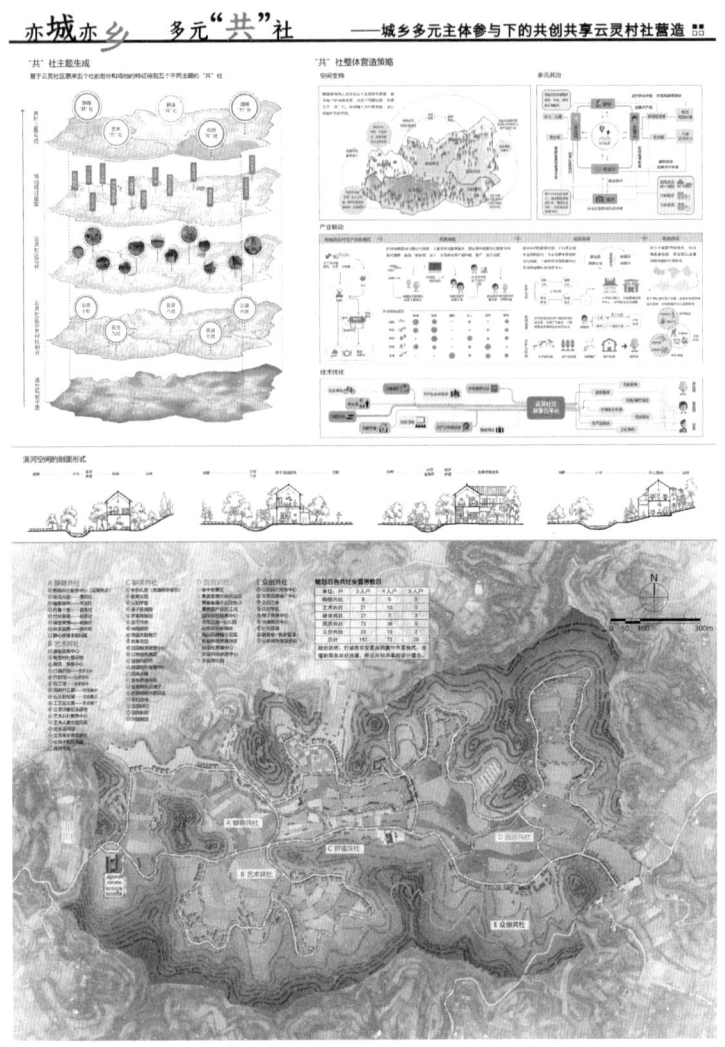

首届"绿点大赛"乡村规划竞赛图纸

"以梦为马,诗酒趁年华;韶华易逝,追梦持初心。"凌琳希望今后不论是在学校还是踏入社会都能秉持初心、追逐梦想。常将奉献挂在心头,将奉献化作热爱,以热爱回馈社会,去帮助去感化更多人。

崔晓东：不是尽力而为，而是全力以赴

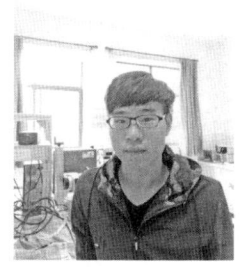

崔晓冬

崔晓冬，男，中共党员，2017级航空航天与力学学院力学专业硕士研究生。硕士期间曾担任同济大学航空航天与力学学院研究生第一党支部支部书记、学院研究生会实践部部长等职务。曾荣获同济大学优秀学生标兵、同济大学航空航天与力学学院优秀学生党员、硕士研究生国家奖学金、同济大学太原奖学金等荣誉称号和奖项。带领党支部荣获航空航天与力学学院"先进基层党支部"称号。

身先力行，将支部建设作为一项长期任务

2017年，刚入学时，崔晓冬主动申请并经过学院投票成为了学院研究生第一党支部书记。由于刚刚入学，各党员之间并不熟悉，因此，增进支部团结和凝聚力尤为重要。于是，结合上海的历史底蕴，崔晓冬通过组织大家集体参观中共一大、二大和四大会址，不仅让大家真实感受到中国共产党一路走来的艰辛历程，而且集体活动可以增进大家之间的了解，增强支部的团结性。"不忘初心、牢记使命"，不仅仅是一句口号，更要体现在每个党员的行动之中。

当面对一些党员以及同学反映理论学习比较枯燥时，崔晓冬积极想办法，通过新媒体，以更加贴近生活、贴近实际的方式宣传党的理论知识。为了使更多的同学们也能及时了解党的十九大的精神，他积极组织了"筑梦十九大，开启新航程"党史党建知识竞赛，以线上线下相结合的方式，创新竞赛形式，充分调动同学们的参与热情，有效地宣传了党的十九大精神。最终，他带领支部荣获航空航天与力学学院"先进基层党支部"称号，这也离不开支部每个党员、积极分子的努力。

服务群众，做一名合格党员

为人民服务，是我们党的一项根本宗旨。但是作为学生党员，我们该如何真正

"筑梦十九大,开启新航程"党史党建知识竞赛

践行这一宗旨,从哪些方面做到服务群众、服务同学呢?为此,崔晓冬组织支部党员一起收集同学们的难事、烦心事,最后,针对低年级同学面临的就业择业、大学生活方面的一些困难,崔晓冬主动利用本支部的优势,积极联系一些优秀的同学,切实地解决低年级同学面临的生活、心理问题。"这个活动的最终效果很好,让我记忆很深的是,会后还有不少同学加了主讲人的联系方式,他们说以后可以更方便地交流。所以通过此次活动,我也切实感受到了服务同学的意义和乐趣所在。"崔晓冬如此评价此次活动。

不仅如此,作为一名支部书记,崔晓冬同志也兼任学院研究生会的委员,积极参与研会的"博思论坛""航空科技节""力学专业周年庆"等活动,真正为研究生同学服务,为学院服务。"志愿活动更需要党员带头,做好同学们的榜样,要不然党员这个称号别人怎么认可。"

在做支部书记的两年中,崔晓冬勤于思考、脚踏实地,努力做好支部的党建工作,充分发挥党员的先锋模范作用,积极配合老师完成学院党务工作、荣获学院"优秀共产党员"称号。他时刻以"全心全意为人民服务"的宗旨要求自己,在提升自我的同时在书记一职上努力做到更好。

攻坚克难,攀登知识的巅峰

"可以说自己也是误打误撞学习了力学专业,但是最后发现力学的乐趣是无穷

"不忘初心,牢记使命"微党课比赛

的,是一切工程的基石。"崔晓冬在谈到自己专业时说。在学习方面,他努力学习专业课程,加权平均成绩 87.4 分,班级排名第 5。"科研中,对于陌生的领域,阅读专业论文是首要的工作,只有了解前人的研究,才能更好地完成自己的工作,有更好的 idea。"因此,在专业方向,崔晓冬阅读了大量与本专业相关的书籍和论文,根据自身研究方向的要求,有针对性地认真研读了有关核心课程。在导师的指导下,他积极参与各项科研活动,在活动过程中,认真阅读教材、查阅学术资料和参考书籍,增强自己的实践动手能力。通过对研究方向的深入钻研,他对专业领域的应用背景、科学前沿以及整个学科的结构都有了宏观、深入的认识,使自己具备了自我学习、认真思考、善于钻研的能力,为自己的科研工作打下了扎实的基础。

由于他的研究方向需要经常做实验,因此入学以来,他认真学习实验室制度,在师兄的指导下,逐渐独立完成自己的实验内容。"仍然记得自己第一次走进实验室,第一次独立操作仪器,第一次完成实验,第一次写英文论文的经历。"像许多工科生一样,崔晓冬也会面临科研中的各种困难与失败,但一次的成功足以激励他不断前行。他积极参与自然基金项目"局部共振声子晶体的超分辨率成像和聚焦研究",并且已取得初步成果,在声子晶体聚焦方面取得了不错的进展。他在 *International Journal of Mechanical Science*(JCR 一区)期刊上发表论文一篇,在 2019 年中国力学大会上做墙报展示工作,在国际会议 Phononic2019 和 ICMAMS2019 上发表摘要两篇,并且获得 2017—2018 年度同济大学太原奖学金和硕士研究生国家奖学金。

中国力学大会留影

在不断前行的过程中,崔晓冬始终告诉自己:"所有的荣誉都是过去,未来有更加值得奋斗的目标。"

程　鑫：学革命精神，讲中国故事，做文化交流

程鑫

程鑫，男，共青团员，安徽合肥人，2016级中德工程学院机械电子工程专业本科生，毕业后于德国纽伦堡攻读双学位。曾任同济大学第四十届学生委员会委员，同济大学中德工程学院学生会主席，同济大学中德工程学院团委副书记。曾多次获得"国家励志奖学金""同济大学优秀学生一等奖学金""同济大学社会活动奖学金"等学习奖学金；曾获"同济大学优秀学生干部""同济大学优秀学生干部标兵""同济大学励志之星提名""同济大学优秀院学生会主席"的荣誉称号；也曾获菲尼克斯智能技术创新与应用大赛三等奖、优秀创意奖，安波福大学生创新大赛二等奖，同济大学"与信仰对话"朗诵比赛二等奖、上海大学生网络文化节音频作品征集活动三等奖等多个奖项。

"学史明智，在德国讲好中国故事"

"延安精神是什么？是毛主席口中白求恩的'纯粹'，是王若飞的'生为真理，死为真理'，是秦邦宪的不断反思自己剖析自己，是叶挺军长'头可断，血可流，志不可缺'，是朱德总司令的'大智慧，大胸襟'……这些老一辈共产党人，用自己的汗水和热血，开辟了解放思想、实事求是的思想路线，践行了全心全意为人民服务的根本宗旨，诠释了自力更生、艰苦奋斗的创业精神。这就是延安精神！值得我们每个人学习传承的精神。"

一次偶然的机会，程鑫作为中德工程学院团委副书记，参加了暑期举办的"卓越·领航"活动——前赴延安，探访革命旧址，这些值得传承的精神，就镌刻在了他的思想中，令他魂牵梦绕。

学习结束，他在朋友圈中写道："瞻仰革命遗址，思想得到升华。追随伟人足迹，接受心灵洗礼。坚持艰苦奋斗，传承延安精神。"寥寥数十字，心中澎湃溢于言表。

"历史是一面镜子，鉴古知今，学史明智。从历史中，我们可以更好地看清世

界,参透生活,从而提升自己。如今闲暇之余,我也时常和我的德国朋友们聊起中德两国的历史,给他们普及我们中华民族浑厚的底蕴。"

"不忘初心,师德长技报祖国"

"我觉得上好每一节课,考好每一场试是我的本职'工作'。我喜欢待在图书馆里学习的感觉,周围的每个人都在奋笔疾书,让我有一种有一大群志同道合的朋友在陪伴我的感觉。"

这是程鑫一直以来秉承的理念。他曾说过:"赴德攻读双学位是我从填报志愿伊始就坚定的信念,而作为一名中国学生,与当地人相比,语言存在着天然的劣势,所以专业知识更不能成为我求学途中的短板。于是,要增强专业能力。这之后才是学业的更好完成。"

参加菲尼克斯智能技术创新与应用大赛

除了完成课程内的学习,他还常常利用课余时间博览群书,拓展专业相关知识。于是,除了理论知识的学习,程鑫还积极参与各项创新项目及比赛。SITP、菲尼克斯智能技术创新与应用大赛、德尔福大学生创新大赛……

"我很喜欢在实验室里做项目,常常会为了解决一个问题,在实验室里待到深夜,这并不会让我感到疲倦,反而会给我一种充实和成就的感觉。更重要的是,项目中,可以让我把平时积累的课本中的知识应用于实践,也加深了我对它们的记忆。"程鑫如是说道。

事实上,赴德深造、兼学中德知识之长不仅是程鑫的理想,也是每一个中德学子的理想,所以程鑫努力将自己的光和热照向每一个他能触及的角落。

他乐于助人,见义勇为。课内,他是主动帮助同学解决一个又一个问题的好青年;课外,WIEE、"小红帽"等志愿活动现场,也总能看到他忙碌的背影。

"梦与梦相连,手与手相牵,我们一起奋斗在这片蓝天下。"

"牢记使命,弘扬文化促友谊"

"我的职责不仅仅是点缀同学们的课余生活,也要把工作融入中德更深入合作与交流的时代大潮中。"谈及院学生会的工作,他不由得感叹道。

2017年　程鑫协同校学生会组织策划同济大学嘉定啤酒节

为了将信念付诸实践,他在主席任职期间,主办了德国啤酒节、德语节 party、德语剧等一系列中德文化交流活动,带动了中德学子间的友好交流和互动。就像学院双新晚会上穿插的与德国文化相关的节目和小游戏等,这些都起到了很好的效果。

"这些活动的成功,中德两国学子友谊的建立,不是我一个人能完成的,它需要很多很多人,需要一届又一届的中德学子共同延续。"

所以,在学生会主席任职期间,程鑫经常与院内的同学交流,听取他们的意见,及时了解自己工作上的不足,以更好地提升活动质量。

2018年3月21日　程鑫做学生会工作总结报告

毛主席说过:"我们的方针是一切民族、一切国家的长处都要学,政治、经济、科学、技术、文学、艺术的一切真正好东西都要学。"学习中国革命精神,给德国人讲好中国故事,促进中德文化交流。"If you do not try your best to build your dream, one day you will be hired by someone to build their dreams."秉持这样的座右铭,"努力"成了程鑫生活中不变的信条。

臧俊杰：不负青春勇担当，砥砺前行正远航

臧俊杰

臧俊杰，男，共青团员，安徽池州人，2018级法学院法律硕士（非法学）专业硕士研究生。硕士期间曾担任班长、团支书、法学院研究生会职业发展部副部长等职务。曾荣获研究生国家奖学金、同济大学优秀学生干部、同济大学磊鑫助学基金等奖项，曾获同济大学庆祝改革开放40周年理论研讨会及知识竞赛二等奖、"青春心向党·建功新时代"主题征文活动二等奖等荣誉，并参加同济大学青年马克思工程、国际创业者暑期学校、联合国环境署国际学生环境与可持续发展大会等培训活动。

"学生干部"，先做好"学生"，再去谈"干部"

"学如弓弩，才如箭镞。"臧俊杰深知学习是学生的天职，作为一名学生干部更应该取得优异的学习成绩，这不但有利于学生工作的开展，更有利于自身未来的发展。在研究生生活中，他坚持工作和学习齐头并进，一直秉承"一分耕耘，一分收获"的理念来督促自己的课程学习，坚持每天认真听讲，课上做好学习笔记，课后在教室或图书馆自习。功夫不负有心人，在老师的指导和帮助下，臧俊杰取得了优异的学习成绩，并因此获得了"研究生国家奖学金""同济大学磊鑫助学基金"等奖励。臧俊杰深知虚心使人进步，并且不断努力使自己更优秀。就像他说的："既然选择了远方，便只顾风雨兼程。"

乐于奉献创集体，开创工作新局面

管理学家赫尔茨有一句名言：会鼓动别人，会服务别人，会成就别人，就是会管理。班级工作说大不大，但说小也不小。刚开始担任新生班的班长和团支书时，臧俊杰也经历了迷茫期，不知道怎样才能更好地完成自己的使命。但就像一句老话

2019年　国家宪法日班级团建活动

说的那样,再大的困难也打不倒有心人,还是让他想到了学生工作的新思路。针对班上同学对学校还不太了解的情况,结合专业硕士的特质,臧俊杰对班级管理有一套自己的想法:从"融入""关怀""成就"三个着眼点出发,进行班级工作。

首先,注重班委以及党支部和团支部三方力量的联合。作为新生班集体,各种"不熟悉"是班上同学的普遍问题。针对这一情况,臧俊杰集中班党团三方力量组织同学集体参观校园,参加图书馆培训,前往一大会址参观学习,帮助同学们更快地熟悉同济、了解上海。

其次,一定要将同学团结起来,发挥集体的力量。为了让同学们能够快速彼此熟络起来,更快融入班集体,开学才短短三个月,他就联合班党团一起组织同学参加进博会志愿者服务、组队参与模拟法庭比赛、联系法研会的资源让同学们前往社区提供法律咨询,加上三不五时的班级聚会,通过学术、志愿服务、日常休闲等各个方面的活动,不仅让班上同学锻炼自己的能力、劳逸结合,更能拉近同学们之间的感情,增强班级凝聚力。事实证明,通过以上两个部分的努力,班上同学也都很好地融入上海、融入同济、融入班集体。

最后,注重班上同学与学院之间的联系,在平常工作中架起同学们与学院之间的桥梁,通过学院的各种资源,帮助同学们更快地成长。"我觉得班长是一个需要有爱的职业,而班级则是一个充满爱的摇篮,我要帮助同学们在班级这个摇篮里得到更多更好的发展。"臧俊杰回忆他所做过的工作,他会非常留意各种讲座论坛的信息,当他看到有哪位大咖来沪或者来校进行学术讲授时,他会及时转发给班上同学;当他发现有好的实习机会时,也会分享给班上同学。"我总是希望能发现更多的机会帮助同学们提升自己的能力,成就更好的未来!"他这样说,也这样做了。

提升思想高度,倡导知行合一

先进的思想、坚定的信仰是合格学生干部的必备因素。只有牢固树立社会主义理想信念,不断深入学习和理解,才能奠定开展工作的出发点和落脚点,从而以实践为方法,在实践中汲取营养,促进青年学生的成长和青年工作的提升。

"欲事立,须是心立。"既然是班级的团支书和班长,就不能辜负学校乃至国家的嘱托。臧俊杰始终坚持"以党团建设促班级建设"的工作方针,鼓励班内同学们用实际行动积极向党组织靠拢,鼓励同学们平时密切关注社会动态和国家大事。

在担任团支书期间,他积极开展各项理论宣传和学习活动,促进班级思想建设,以生动的形式、深入的教育为特点,多角度多方法地开展特色主题教育、团日活动,贯彻落实习近平新时代中国特色社会主义思想及重要讲话,带动学院青年学生主动了解党的思想政策,明确历史使命,坚定政治信仰,他所在班级也取得了"同济大学优秀团支部"荣誉称号。

在联合国环境署国际学生与可持续发展大会与联合国环境署生态司副司长莫妮卡合影

实践丰富技能,充实多彩生活

当今时代,社会技术更新和人才的需求都在不断发展,为增强自身专业竞争力,多方位充实自己,臧俊杰以专业知识的刻苦学习为根本,以丰富的课余生活为途径,将二者合理协调,互相促进,形成了专业与实践技能并重的提升发展模式。

创新创业是臧俊杰研究生生涯里浓墨重彩的一笔,他参与了2019年国际创业者暑期学校,和来自世界各地的小伙伴们一起在这里集思广益、头脑风暴,构造商业模型,汇报给评审和同学们;环保idea是臧俊杰课余时间爱思考的问题,他在2019年联合国环境署国际学生环境与可持续发展大会上递交了自己的论文,将自己的想法介绍给天南地北的老师同学;热心公益是臧俊杰给自己贴的标签,也是他给自己定的要求,作为首届中国国际进口博览会的志愿者、上海科技馆的志愿者、定期爱心献血者,他在志愿服务中奉献自己的青春,为国家贡献自己的力量。

"我要做一滴晶亮的水珠,在阳光的照耀下熠熠闪光,最终融于大海,永不会干涸。"

"功崇惟志,业广惟勤。"臧俊杰深知自己作为学生干部应当志存高远,永葆政治进步的热情,善于创新,善于实践,善于将所学知识运用到改造世界的活动中去。他注重实践,始终践行知行合一,不断丰富自己的理论知识并将其发挥于实践,提高自己的品行与觉悟。